本著作由上海工程技术大学学术著作出版专项资助

文化欧洲的『分』与『合』

张惠玲　贾庆军　著

中央编译出版社

图书在版编目(CIP)数据

文化欧洲的"分"与"合" / 张惠玲，贾庆军著. —北京：中央编译出版社，2020.10

ISBN 978-7-5117-3875-2

Ⅰ.①文… Ⅱ.①张… ②贾… Ⅲ.①英国-关系-欧洲联盟-研究 Ⅳ.①D756.1 ②D814.1

中国版本图书馆 CIP 数据核字(2020)第 191307 号

文化欧洲的"分"与"合"

责任编辑 郑永杰
责任印制 刘 慧
出版发行 中央编译出版社
地　　址 北京西城区车公庄大街乙 5 号鸿儒大厦 B 座（100044）
电　　话 （010）52612345（总编室）　　（010）52612365（编辑室）
　　　　　　（010）52612316（发行部）　　（010）52612346（馆配部）
传　　真 （010）66515838
经　　销 全国新华书店
印　　刷 北京时捷印刷有限公司
开　　本 710 毫米×1000 毫米　1/16
字　　数 145 千字
印　　张 13.5
版　　次 2020 年 10 月第 1 版
印　　次 2020 年 10 月第 1 次印刷
定　　价 58.00 元

新浪微博：@中央编译出版社　　　　**微　信**：中央编译出版社（ID：cctphome）
淘宝店铺：中央编译出版社直销店（http://shop108367160.taobao.com）　（010）55626985

本社常年法律顾问：北京市吴栾赵阎律师事务所律师　闫军　梁勤
凡有印装质量问题，本社负责调换。电话：（010）55626985

前　言

　　曾经，我们印象里的欧洲是这样的：现代世界的发源地，民主、资本主义、民族国家等现代制度，都来自欧洲；它还是最大的发达国家集团，因对一体化的大胆尝试而有"人类文明实验室"之誉。然而，今天的欧洲面目全非。从欧债危机到移民危机，再到英国退欧，曾经岁月静好的欧洲，以一种意想不到的姿态，再次震惊了我们——原来，发达国家也可能破产，一体化也可能分崩离析。

　　多年来，一体化是欧洲最大的特色。众所周知，在欧洲一体化问题上，英国历来被视作一个"坏小子"，它与欧盟的关系时常出现各种各样的波折，甚至是激烈的矛盾，特别是在撒切尔夫人执政时期。1997年英国工党上台执政之后，采取了积极的对欧政策，二者关系总体平稳。但在2010年保守党与自由民主党联合政府上台之后，英国与欧盟关系中的不和谐之处越来越明显，甚至出现了要求英国退出欧盟的声音。直到2016年6月23—24日，英国就是否留在欧盟举行全民公投，投票结果显示支持"脱欧"的票数以微弱优势战胜"留欧"票数,英国将不再属于欧盟成员国。

本书分上篇("脱欧"还是"回归欧洲"?——政治文化视域下的英欧关系)和下篇(当代欧洲文化认同及其建构——认识欧洲一体化的一个视角),试图从文化视角分别解读英欧关系以及欧洲一体化进程。

上篇 "脱欧"还是"回归欧洲"?——政治文化视域下的英欧关系。英国从特立独行到勉为其难加入欧共体,再到逐步适应欧洲一体化,甚至要在更大程度上影响欧洲,在犹豫和曲折中透露出许多无奈。上篇主要是从文化传统和现实因素的角度考察战后英国对欧政策形成和演变的历史轨迹,展示了战后英国对欧政策的历史进程中文化因素在各个时期的不同影响所在,梳理了英国文化与对欧政策相互联系的发展脉络,试图揭示文化因素是决定战后历届英国政府对欧政策的一个深层次的动因。

下篇 当代欧洲文化认同及其建构——认识欧洲一体化的一个视角。欧洲一体化是集经济一体化、政治一体化和文化一体化于一身的综合性进程。目前,学术界对欧洲一体化的研究主要集中于经济、政治和外交等方面,缺乏对其文化因素应有的重视。随着欧洲一体化进程不断向纵深发展,其中的文化认同问题越发凸显。本篇正是从这一点出发,探讨欧洲文化认同及其建构与欧洲一体化的互动关系。欧洲一体化绝不是绝对的无条件的同一化,而是有条件有差别的统一。在欧洲一体化的过程中始终存在着一体化与民族化的对立与冲突,从这一意义上讲,一体化的过程就是欧洲国家在各种差异的基础上寻求统一的过程。欧洲文化认同的建构必然走多样化与一体化相结合的道路。

如何看待"欧洲之变"？今天的欧洲，固然是全球资本空间嬗变震荡的一个缩影，但又有它特殊的难处，是一种共相下的殊相。其社会民情驳杂精微，远非一句"欧洲衰落"可涵盖，跟踪研究是十分必要的。

张惠玲
2016年12月于上海盛园

目 录

上 篇 "脱欧"还是"回归欧洲"？
——政治文化视域下的英欧关系

序 言 / 3

第一章 英国均势外交政策及其文化渊源 / 6
 第一节 均势理论的概念和特征 / 6
 第二节 关于文化与政治文化的界定 / 9
 第三节 均势是英国对欧洲大陆的外交原则 / 13
 第四节 文化对英国均势外交特征的影响 / 18

第二章 战后英国对欧政策的调整及其文化因素 / 23
 第一节 丘吉尔的"三环外交"构想 / 24
 第二节 麦克米伦政府对欧政策发生转折 / 32
 第三节 撒切尔政府与欧洲一体化 / 40

文化欧洲的"分"与"合"

第三章　英国工党的亲欧演变：政治文化趋同 / 48
　　第一节　20世纪80年代中期前工党的对欧政策 / 49
　　第二节　英国工党亲欧政策演变的现实因素 / 50
　　第三节　英国工党亲欧演变的政治文化因素 / 52

第四章　布莱尔政府的对欧政策及其文化因素 / 59
　　第一节　布莱尔政府更趋积极的欧洲政策 / 60
　　第二节　回归欧洲的无奈与必然 / 66
　　第三节　回归欧洲与充当国际角色的前景 / 72

第五章　新时期英国政府对欧政策的演变 / 80
　　第一节　新时期卡梅伦政府的对欧政策 / 80
　　第二节　英国公投"脱欧" / 84
　　第三节　英国"脱欧"背后的深层次原因及影响 / 85

上篇结语 / 88

下　篇　当代欧洲文化认同及其建构
——认识欧洲一体化的一个视角

序　言 / 93

第一章　文化认同的概念梳理及其理论阐释 / 96
　　第一节　文化认同相关概念的梳理与界定 / 96
　　第二节　建构主义理论关于文化认同的内涵解读 / 103

目 录

第二章 欧洲文化认同的悖论：民族的，还是欧洲的？/ 107
 第一节 欧洲概念界定和欧洲文化内涵 / 107
 第二节 欧洲文明同一性分析 / 116
 第三节 欧洲民族文化多样性分析 / 132
 第四节 文化因素对欧洲一体化的影响 / 149

第三章 欧洲文化认同的建构 / 157
 第一节 建构主义关于欧洲文化认同的研究 / 158
 第二节 欧盟建构欧洲文化认同的策略 / 168
 第三节 建构欧洲文化认同的重要意义 / 182

下篇结语 / 186

参考文献 / 189

后 记 / 204

上 篇 "脱欧"还是"回归欧洲"?
——政治文化视域下的英欧关系

序　言

  有一些国家在世界历史的演变中发挥过非常特殊的作用，英国就是这样一个国家。直到今天，许多战略家和学者仍然关注并研究英国，很大程度上在于英国还是世界上比较独特的一个国家。不了解大英帝国的历史，就难以理解几百年来世界发展的主要线索。20世纪中期以后，英国一直在逐渐向欧洲回归。与十几年前相比，今天的英国无疑更像一个欧洲国家。然而，即便如此，英国对于欧陆仍然保持着距离和戒备。在过去很长一段时间内，英国一直游离于欧盟的核心层之外。2016年6月23—24日，英国全民公投是否"脱欧"，此次"脱欧"公投共有382个选区，根据其中352个选区的计票结果，脱离欧盟的支持者领先，占51.9%的投票，即1570万人支持退欧，而留在欧盟的支持者共有1458万人，占48.1%的选票。英国首相卡梅伦2016年6月24日宣布，英国与欧盟的脱欧谈判将在新任首相的领导下进行。新任首相也将决定何时触发《里斯本条约》第50条关于脱欧的规定。按照条约规定，如果确认脱离欧盟，欧洲理事会应在两年时间内与英国就脱欧后各种关系变动达成协议，并交欧洲议会批准。卡梅伦称将会出席欧盟委员会会议解释英国人民的决定，接下来三个月他会努力让"国家之船平稳航行"。

人们经常喜欢用工业革命、海上霸权、世界工厂、殖民扩张、日不落帝国、帝国情结、英镑情结等许多特有词汇来描述和分析英国曾有过的辉煌以及回落过程中的无奈。英国的欧陆政策就深受其曾经取得的辉煌成就和特有的岛国文化的影响。然而，随着其实力的衰落以及国际局势的发展，英国如果不能更多地融入欧洲，就很可能在欧洲联合的潮流中被彻底边缘化。一个对欧洲都无足轻重的欧洲国家，更不可能在世界上发挥重要的影响。现实迫使英国不得不去靠近欧洲，去争取在欧洲更大的发言权，通过影响欧洲，进而联结美国和牵动世界。未来只要欧洲一体化进一步发展，英国继续回归欧洲的进程也将难以逆转。尽管它会要求享受比其他欧盟国家多一些的例外，比如强调应该依靠欧洲国家和政府间的有效合作来解决欧洲的问题。①

本篇主要是从文化传统和现实因素的角度考察战后英国对欧政策形成和演变的历史轨迹，展示了战后英国对欧政策的历史进程中文化因素在各个时期的不同影响所在，梳理了英国文

---

① 尤其对于欧盟共同外交和安全政策，布莱尔既认为欧洲需要加强能够对新的危险迅速做出反应的武装力量，也强调这种力量的部署是由各国政府决定的事情，这里存在一种矛盾心理。

化与对欧政策相互联系的发展脉络，试图揭示文化因素是决定战后历届英国政府对欧政策的一种深层次的动因。一个国家对外政策的形成主要取决于政治、经济等因素，但是，不可否认的是，文化因素，特别是一个民族长期形成的文化背景、价值观念、思维方式等，对一个国家的外交有着长期深远的影响。英国人独特的民族性格、经验主义，以及帝国情结、岛国心态等，对英国的欧洲政策产生了极其深远的影响。英国在欧洲历来采取"扶弱抑强"的均势政策和建立在绝对优势基础之上的"光荣孤立"政策，"二战"后英国尽管步入了相对衰落的历史发展时期，但大国情结依然不改。至20世纪60年代初，面对欧洲一体化的不断深入，其既定欧洲政策陷入困境而不能维护它在欧洲的利益，导致英国开始转向欧洲。20世纪六七十年代英国外交战略虽然实现了重点面向欧洲的转变，但仍存在"大西洋主义"与"欧洲主义"之争。布莱尔1997年上台后采取了较为积极的对欧政策，使得英国在欧盟中的地位得到提高。然而，由于国内政治传统和现实的制约，在至关重要的问题上布莱尔政府仍只能采取观望政策。战后历届英国政府的对欧政策具有一定的历史继承性和延续性，文化因素在其中起了重要作用。

英国作为一个欧洲国家，其民族利益和政策重点集中在欧洲，逐步回归欧洲可视为英国一种无奈而理性的选择。即使在今天的世界，英国仍不时表现出一些非常独特的方面，需要人们用心去探究和推敲。

第一章　英国均势外交政策及其文化渊源

英国在欧洲历来采取"扶弱抑强"的均势政策。均势外交是英国传统的外交政策,它对英国社会和欧洲政治都产生巨大影响。按照英国人的想法,弱国如能得到扶助,强国如能得到抑制,就可以实现欧洲各国间的力量均衡,欧洲就不会出现霸主,英国就能把持欧洲事务,控制欧洲大陆。虽然,一国的对外政策直接取决于政治、经济等因素,但文化不仅在确定国家对外政策目标中起着重要作用,而且对外交政策的手段、方式和风格产生着深远的影响。因此,考察英国均势外交形成及发展的文化渊源,有助于更好地理解英国均势外交的进程与前景。

第一节　均势理论的概念和特征

均势理论是西方国际关系学中影响最大、历史最悠久的传统理论,在国际关系实践中对西方国家对外政策的影响也最为显著。肯尼兹·华尔兹曾经说过:"如果有任何具有特征性的国际政治理论的话,那就是均势论。"①

一、均势概念的特征

均势是一种分析概念,反映国际政治中权力均衡和不均衡的各种态势及其权力态度转变的各种结果。有的学者把均势解释为状态、政府和体系三个概念,状态是指实力均等还是不均等的状况;政策指对状态所做出的反应;体系指权力分配的机制、工具和规则。② 西方学术界和国际关系理论界认为均势具有以下特征③:

第一,均势表示一种力量的均衡。把这个原理运用于国际关系上就是指通过变换联盟以及其他手段在国际范围内实现力量的均衡,即国家之间权势的一种大体上的均衡。

第二,均势是国际竞争中一种特殊的稳定状态。汉斯·摩根索认为,均势是一种特殊的状态,是由于权势大致上平均地在一些国家之间分配所造成的。

第三,均势是处理国际关系的一种特殊手段。斯坦利·霍夫曼认为,均势是关于权势的艺术,它强调运用非暴力以保持紧张的国际关系,所以均势是显示武力的艺术,而不是运用武

---

① Kenneth Waltz, *Theory of International Politics*, McGraw Hill Publishing Company, 1979, p.117.

② Inis Claude, *Power and International Relations*, Random Press, 1962, pp. 13-24.

③ 参见倪世雄、王国明:《均势理论纵横谈》,载《政治学研究》1986 年第 3 期。

力的艺术。

第四，均势是处理国际关系的一种特殊政策。均势是维持国家间权力平衡的一种对外政策，旨在防止一国控制并危害别国的安全，它以维持现状、不改变国际均衡体系和格局为目标。

二、均势的几种模式

在无政府状态的国际社会中，如果有一国或者一个联盟的实力增大，必定引起"抵消力"的发展以达到制衡的目的，在制衡过程中产生均势，这被视为均势的普遍模式。除了制衡外，均势还有三个范式：

第一，意识形态和其他政治动机很容易从属于谋求生存的战略需要。在这个模式中，决策是在单位层次上进行的，但这一模式的本身是体系层次运作的结果。

第二，一国在国际社会中不能谋求绝对利益，只有在与别人合作中取得相对利益，这对政策的制定尤为重要。在不安全的状态中，一国在制定政策时不能只强调自身利益，要求生存就得与别国在政策上谐同。

第三，联盟内的共同利益实现时，联盟的整体性和统一性会减弱。在自助体系中，由于各国试图获得维护自身安全的必要利益，公平的一份利益内容就被相对扩大。于是合作伙伴转变为竞争对手，最终导致联盟破裂，接着便是寻求新伙伴，结成新的联盟以获得力量的重新均衡。在均势政治占优势的时期内，战败国不能被彻底消灭，应该把它看作潜在的合作伙伴，这也是均势政治中最重要的策略之一。

因此,均势有三个必不可少的条件,其一是无政府结构;其二是最少有两个行为体;其三是各行为体的目标应是维护自身的生存安全。①

历史上,英国的外交是很有特色的。自都铎王朝后期以来,英国一直把保持欧洲大国之间实力平衡即"欧洲均势",作为自己外交政策的出发点。18世纪的英国将"均势"观念有效地加以运用,进而主宰了两个世纪的欧洲外交。19世纪后,英国"均势外交"中的诸多因素,如领导责任、着力幕后控制、强调纵横捭阖、灵活机动以及制衡均势等现实主义外交精神影响深远,深深植入其外交实践的骨髓,贯穿了英国各个历史发展时期,构成对外政策基础的核心。英国均势外交政策对英国社会以及对欧洲政治发展产生了重大的作用,至今还显示出强劲的活力。

第二节 关于文化与政治文化的界定

随着人类社会进入21世纪,政治学研究的对象和范围都发生了很大变化,文化和政治文化的研究在近期的重新升温是其中最耐人寻味的一个变动指向。因为,国际社会在过去的一个世纪里,政治和经济冲突频繁,文化因素和民族主义引发的

---

① Avery Goldenstein, *From Bandwagon to Balance of Power Politics*, Stanford University Press,1991,pp.38-41.

种族冲突、国家分裂和国际争端不断增加。由于军事、经济实力的客观差距和政治、文化价值观念的诸多分歧，各主权国家在对内管理和对外交往中都更加重视强调或保持自己的民族国家特性，努力维护自己的国家利益，加速民族国家的自身发展。

一、文化的分类及其概念

文化的基本原则之一，就是为政治活动和经济活动提供一个相互影响的场所，谈论文化就是以某种方式谈论政治和经济。从发生学角度讲，文化是一种观念和策略，政治文化是其中的一部分观念和策略。综合起来看，文化可分为人类学、美学、政治学、闲暇文化四大类。[①]

在最为"经典性"的文化概念里，一般首推英国文化人类学家泰勒（1832—1917）在其1871年的著作《原始文化》中对文化所下的定义，将文化与文明概念共用。他阐述道："所谓文化或文明乃是包括知识、信仰、艺术、道德、法律、习惯以及其他人类作为社会的成员而获得种种的能力、习性在内的一种复合整体。"[②]

---

① 参见［美］罗纳德·H.奇尔科特：《比较政治学理论——新范式的探讨》，高铦、潘世强译，社会科学文献出版社1998年版，第281页。加拿大政治学会会长Meisel John在一次讲话中把文化描述为此四大含义。

② ［英］泰勒：《文化之定义》，顾晓鸣译，见庄锡昌等编：《多维视野中的文化理论》，浙江人民出版社1987年版，第98页。

二、政治文化的概念及其特点

政治文化包括观念与体制两个层面,包括政治观念文化和政治制度文化两方面。这种政治文化理解寻求规定和开放的并重,显型与隐型的兼容,这种理解承认政治文化研究与其他政治学科的重叠。毕竟,政治文化既是政治学的一个分支,也是文化研究的一个支脉。

政治文化研究不仅把观念文化作为研究对象,而且把制度文化、组织文化以及人们的政治行为模式作为研究对象。政治文化研究关注的是在政治制度、规则和组织结构方式中潜伏着的、暗示性的、隐型体现出来的"倾向性""导向性",以及政治制度、政治运作程序对人们思维方式、行为方式的内在"规定性",它们也体现了一个国家和民族比较稳定的价值概念、情感趋向和思维定式。

阿尔蒙德在 1990 年总结政治文化概念时说:"政治文化理论从四个方面确定政治文化概念。"首先,它是一个国家的人们或部分人们对政治的主观态度取向。其次,它由认知、情感、评价组成,包括人们对政治现实的认知和信仰,对政治系统的情感,对政治价值观的评价等。再次,政治文化是成人参政从政、融入社会和改善经济状况经历的结果。最后,政治文化影响了政治和政府的体制结构和运作方式——给予其压力,但不是决定它们。政治文化与政治体制的相互作用总是双向的。① 因此，政治文化研究的主要概念可以确定为研究政治性的观念取向、行为模式和制度导向。

政治文化的基本特点是：政治文化是一种"主体性"文化、隐型性文化、中介性文化、整体性文化等。② 其研究范围包括政治行为模式研究、政治文化模式的比较研究、政治文化持续性与变化性研究，外交政策中的隐性原则研究、国家文化政治的建设性研究、文化观念的战略性研究、国家文化安全的策略性研究、社会态度的共同特征与政治偏好研究，以及政治文化交流方式研究、文化的政治内容解读等等。

三、文化对国家对外决策的影响

众所周知，一个国家对外政策直接取决于政治、经济等因素，但是不可否认，文化因素，特别是一个民族长期形成的文化背景、价值观念、思维方式等，对一个国家的外交有着深远的影响。对于那些在特定民族文化背景下成长起来的外交决策者来说，其外交决策和在外交舞台上的活动方式，更是会打上本民族文化传统的烙印。比如，政治文化常常延续于几代人或几个世纪，托克维尔笔下的美国政治文化今天

---

① Gabriel A. Almond, *The Study of Political Culture*, in Lane Crothers and Charles Lockhart (ed.), *Culture and Politics*, A Reader St. Martin's Press, New York, 2000, p.10.

② 参见马文辉：《论"政治文化"的实质与属性》，载《政治学研究》1996年第4期；王卓君：《政治文化研究的缘起、概念和意义评价》，载《南京大学学报（哲学·人文科学·社会科学）》1997年第4期；汪波：《建构政治文化理论框架的尝试》，载《政治学研究》2000年第1期。

依然存在；法国人今天依然把巴黎的街道当作反抗不公正的主要场所；俄罗斯在经历了1989年的巨大社会政治变革之后，又重新倾向于强权政治；英国曾以"日不落帝国"而著称于世，或许正是因为"大英帝国"的荣耀实在让人难以忘怀，英国对它在欧洲大陆的近邻们总是抱着一种若即若离、勉勉强强的感情。

因此，对文化进行政治研究或对政治进行文化研究，在今天再次引起人们的关注。因为，这一类的研究有助于促进各国间对彼此历史传统、文化特征的尊重和理解，加深人们对国内政治生活中社会整体凝聚力的认识，从而更好地进行国际合作与竞争。

第三节 均势是英国对欧洲大陆的外交原则

在近代英国对欧外交中，均势原则被奉为圭臬。正如20世纪初英国外交部官员艾尔·克劳爵士所作的经典性概括那样：英国"把自己的力量加在这一边或者那一边，但是总要加在一边以抵制某一时期内一个最强大的国家或国家集团的政治霸权，这几乎成为一个历史真理"[1]。与此同时，英国还奉行一种孤立的原则，即在和平时期不与欧陆列强缔结有约束力的条约或协定，以保持行动自由。

---

[1] G.P.Gooch & H.Temperley(eds.), *British Documents on the Origins of the War, 1898-1914*, Vol.III, London, 1928, p.403.

文化欧洲的"分"与"合"

均势原则和孤立原则这两个原则是英国近代对欧洲基本外交方针的两个方面。一般来说，当欧洲各国力量失衡，出现某一突起强国或国家集团威胁到欧洲和平，主要是威胁到英国利益时，英国通常运用均势原则，扶弱抑强，维持欧陆国际力量对比大致均衡；而当欧陆相对稳定，英国无虞自身安全时，它便摆出不干涉欧陆事务的面孔，不与欧陆列强结盟，即玩弄孤立原则，静以待变，保持再度制衡欧陆列强的自由，这样使自己进退自如，立于不败之地。

一、英国均势外交政策的形成

作为英国传统外交原则的均势外交，它的形成和发展是有一个过程的，在整个中世纪，英格兰的外交战略以在欧洲大陆夺取和维持领地为中心。百年战争英格兰战败，除加莱外，英王在法国的领地全部由法王收复，说明英格兰传统战略的失败。

伊丽莎白一世统治时期（1558—1603），英格兰社会正在走向现代化，英格兰的传统战略日益落后于时代要求。伊丽莎白把维持欧洲国际政治中的均势作为外交政策的核心，推行"大陆均势"政策，这是英格兰政府外交思想的重大转变。

在长期的政治实践中，英格兰逐渐走出了一条全新的、一直延续到现代的外交路线：放弃对大陆领地的觊觎，维持欧洲大陆的势力均衡；以英吉利海峡为屏障，维护自身安全，这标志着英国外交政策新模式——均势外交的形成。

二、英国的均势外交与孤立原则

18到19世纪，英国以其拥有的无可匹敌的政治、军事及经济力量，在对欧洲大陆外交政策中奉行"没有永恒的朋友，只有永恒的利益"的"光荣孤立"政策，推行"均势外交"，不与欧洲大陆任何强国建立联盟，同时保持英国对欧洲大陆事务的充分发言权，反映了近代以来英国拥有的强大国力以及重大国际影响。

英国形成孤立原则的条件，首先是英国地理位置的特殊性。英国属于欧洲国家，但又是一个岛国，英吉利海峡和多佛尔海峡把它与欧洲大陆分开。这种地理位置的特殊性决定了英国既要与欧陆保持密切联系，又可孤立于欧陆之外。从历史上看，与欧陆的联系曾经促进了英国的经济发展，同时英伦的安全与西欧关系密切，英国对来自低地国家的威胁从未掉以轻心。欧陆的稳定有利于英国经济的发展，而欧陆均势的破坏又危及英国的安全，这就需要英国在欧陆实行均势原则。而孤立原则可使英国在欧陆相对稳定时或者局势不明朗时保持行动自由，进可操纵欧陆均势，退可固守家园。

其次，除英伦本身外，英国的主要利益集中在欧洲以外的自治领、殖民地以及其势力范围。英国无须总是陷于欧陆事务，在欧陆处于均势状态而英国利益并无危险时，英国则采取孤立原则专心经营"殖民事业"。

再次，海上优势是实行孤立原则的实力基础。与英国的地理位置和庞大的海外利益相适应，英国具有强大的海上优势，既可维护英伦本身的安全,又可保卫其庞大的殖民帝国,是实行孤立原则的重要基础。

最后,欧陆国家分立,联盟组合多变,为英国推行均势提供了机会。英国只有置身局外,保持行动自由,才能合纵连横,因时而异。纵观欧陆国家,只有英国具有实行孤立原则的条件,因而英国能够长期一贯地对欧陆运用均势原则。

三、英国均势外交的外在形式

严格说来,每一个国家的外交政策,无论以什么理论作为指导,无论有何变化,最根本的目的只能是保护和扩张自身的利益。英国外交的重心一向在欧洲,英国几百年来一直以不变应万变的传统外交,就是运用均势外交政策,尽力让各大国始终处于力量均衡或近于均衡的状态,以使自己得到最大利益。

第一,有限责任政策。19世纪末20世纪初,英国的欧洲霸主地位遭遇空前挑战。为维系自己的利益,英国被迫放弃"光荣孤立"政策,代之以"有限责任"政策。在"一战"中,英国参加协约国一方对同盟国作战,体现了英国"有限责任"政策的威慑性。"一战"后,英国开始实行传统的"均势"政策,采取"扶德抑法"的做法,帮助德国恢复国际政治地位与经济实力,以牵制法国。与"光荣孤立"一样,"有限责任"政策一方面强调英国对欧洲大陆事务中所担负的道义责任及关系英国切身利益的现实责任;另一方面也强调了英国历史与地理的特殊性,突出其责任的"有限性"。事实上,"有限责任"政策正是严格遵守了"均势与制衡"的外交传统，更体现了灵活的特点。

第二，绥靖政策。20世纪30年代，英国的利益和安全受到了德国法西斯的严重威胁，英国采取了绥靖与遏制并行的政策。此时的绥靖政策同样源于英国对欧洲的传统政策——均势政策。所不同的是，这时英国正处于日益衰落之际，绥靖政策没有强大的政治、经济和军事力量作后盾，以致"二战"爆发前英国的绥靖政策招致苏德联手对抗而引火烧身。在丘吉尔战时联合内阁的领导下，英国外交政策出现了新的转变，联盟政策明确成为其外交实践的主导方针。该政策到"二战"结束后初期逐步发展定型，成为英国战后外交战略的核心。

第三，联盟政策。战后英国的联盟政策继承了其传统外交政策中"制衡与均势"原则，以更加平等的"伙伴"身份与欧洲大陆国家平等相待，加强相互间军事与政治合作。然而，英国外交政策的转变仍存在着称霸欧洲的政策意图，其目的仍然是为了建立英国领导的新的欧洲和世界安全模式。在英国外交实践下，战后西欧政治军事联合取得巨大成就，英国借助北约建立了新的欧洲安全保障体系，并且确保对欧洲大陆的重大影响。从某种程度上可以说，英国为了本国利益和安全，导演了欧洲和世界上新的更大规模的均势抗衡。

由此可见，英国近代以来的均势外交政策，尽管其外在形式多种多样，在外交实践中侧重点也各不相同，但其发展演变的连续性与继承性是显而易见的，维护"均势"和提倡"制衡"的外交精神是一脉相承的。

第四节　文化对英国均势外交特征的影响

任何一个国家的外交政策，取决于它的政治和经济制度，这是不容置疑的。但是，任何一个国家的文化，不仅对该国人民的思想观念和精神面貌有着巨大影响，同样也决定着该国对外政策的特点，对外交政策的制定有长期深远的影响。因此，考察、分析英国的文化背景与文化传统，进一步挖掘它的深层因素，可以对英国外交活动的特征，有更全面、更深刻的认识。

一、民族特性

英国人最务实，他们大都脚踏实地，实事求是。英国人素以求实精神而著称，他们都具有务实重行的特点，注意实际的问题而不空谈理论。英人这种注重实践、注重行动结果的民族特性，正如亨利·基辛格所表达的美国人的观点："只有欧洲经济一体化成功的发展使得英国别无选择，才能够导致它加入欧洲。"[①] 所以，英国人既不像德国人那样沉湎于抽象的思辨哲学，也不像法国人那样热情奔放和喜欢漫无边际的幻想，而是具有冷漠和矜持的"绅士风度"。

这种不喜好奢谈理论的性格，不仅在英国本国为然，即使

---

① Henry Kissinger, *The Troubled Partnership: A Reappraisal of the Atlantic Alliance*, Greenwood, 1965, p.33.

是在以英人为核心的几个曾为英帝国的自治领,亦莫不如此。种种重大问题,他们素不死抱着任何不变的主义或任何不变的原则,他们不以普通原则为讨论的依据,却注意于某项特殊建议的利弊。他们对于一切制度,都以实用为主。英国政治家决定国家大计,应付国际局面,素不稍涉遐思,而惟密切注视现实。

英国这种民族特性,也影响了其外交政策的制定。在对外关系中,英国的外交政策往往基于个案分析,以及对该个案特定背景的现实主义估计,而避免进行抽象和教条主义的推断。这种方法可以帮助决策者最大限度地保持行动自由,不受观念的影响,将外交努力集中在具体问题上,只承认既成事实。无论是"光荣孤立"、有限责任、绥靖政策,还是联盟政策,无一不以均势外交为核心,以最大限度地谋取国家利益为目的,充分体现了英国人尊重传统与重视现实的民族特性。

二、经验主义

英国在文化传统上不同于欧洲大陆各国的一个重要特点,就是其重视感性知识、崇尚经验主义的思维方式。所谓经验主义,就是思想与行动同时发生而且继续存在下去的一种混合;或者说,经验主义是每一个动作和最少限度的思想混合起来,而这最少限度的思想,乃为使该动作发生实效所必需者。

麦克米伦认为,这种"差别是性格和文化上的,基于两种思想形态和推论方法。欧洲大陆传统偏爱自上而下演绎推理,从一般原则到实际运用,正是托马斯·阿奎那、经院哲学家、大陆圣贤先哲的传统；盎格鲁-撒克逊人喜欢自下而上地从实际经验中归纳推论，这是培根和牛顿的传统"①。

英国历史文化传统中这种特有的价值观念、思维方式，直接影响着英国外交政策的制定。不仅使英国政府在处理传统和现实的关系时知道如何在新形势下维护自己的利益；而且，在这种经验主义的文化氛围下，英国外交政策无论当时具体情况怎么变化，还是万变不离其宗，延续传统的均势外交政策；同时也决定了均势外交的实质和最终目的——最大限度地追求国家利益。但是这种现实主义是一种狭隘的现实主义，准确地说是一种实用主义。因此，或许英国政府对西欧一体化进程的反应符合英国在具体个案中的特定利益，但它未能对国际局势和西欧一体化的发展趋势做出及时、正确的评估，在这个意义上可以说英国对欧政策的认识是滞后的。

三、帝国情结

具有近代性质的英国主权国家形成后，民族意识开始形成，民族的整体认同感开始产生，与这种民族的整体认同相伴而生的是民族自信心和民族自豪感。一位外国观察家写道："英国人深深感到他们的伟大并且他们已经赢得许多次巨大的胜利，以致他们认为他们是不会输的。在战争中，他们是全世界最信心十足的国家。"一位威尼斯使节写道："他们认为除了他们之外就没有别人，除了英格兰之外就没有别的世界；每当他们看到一个潇洒的外国人，他们就说'他看起来像个英国

---

① J. Frakel, *British Foreign Policy, 1945-1973*, Oxford, 1975, p.113.

人',并说'很遗憾他不是英国人'。"① 尤其是英殖民帝国的辉煌历史,使英国人产生了一种根植于他们心中的民族自豪情绪,喜欢沉湎、陶醉于昔日大英帝国的光荣历史之中。

这种深深的帝国情结使英国对欧洲国际政治的真实格局和内在趋势茫然无知,导致它到头来不能辨识自己作为一个实际上同欧洲均势互相依存的大国所面临的真正危险。作为一种滞留在人们思想意识深处的文化积淀,这种民族心理成为影响英国外交决策的一种牵制性力量,决定了英国维系传统均势外交以维护欧洲均势,从而保护本国利益。在这种民族自豪情绪的支配下,英国人认为自己是欧洲政治独一无二的主导者,特别是"二战"后英国的欧洲政策更为充分地说明了这一点。

四、岛国心态

美国学者 G.奥顿在分析英国人不愿加入欧共体的原因,论及英国的孤立主义传统的影响时说:"英国人有一种根深蒂固的、在感情上与欧洲大陆分离开来的习性。英国人有一种隔绝的心理状态,他们把欧洲看作要么是一个无足轻重假日旅游的理想场所,要么就是一些令人厌恶的军事冲突的发源地,这些冲突有时要使英国付出沉重的代价。这种分离不仅是地理上的,而且也是文化和历史上的。"② 艾登坦言:"你们都知道,

---

① 钱乘旦、陈晓律:《在传统与变革之间——英国文化模式溯源》,浙江人民出版社1991年版,第175页。

② W.F. Hanrieder & G.P. Auton, *The Foreign Policies of West Germany, France and Britain*, Englewood Cliffs, New Jersey: Prentice-Hall INC, 1980, p.230.

文化欧洲的"分"与"合"

我国的历史首先是一部海岛史,无论现代武器和战略能施加什么影响,我们在思想和传统上仍是岛国之民。"①

英国人基本上不把英国作为欧洲的一部分,而是将二者相提并论。丘吉尔这样概述了英国的基本态度:"在我们看来,一个更加富足的、更加自由的、更加满足的欧洲共同体只会带来好处和希望。但是我们有我们自己的美梦和我们自己的任务。我们同欧洲在一起,但是并不属于欧洲。我们同欧洲联系在一起,但不失去自己的利益。"② 如果用丘吉尔生动形象的英文表达,英国与欧洲的关系就是"with"而不是"of"。

20世纪50年代,这种顽固的岛国—帝国心态仍然是英国政府制定对欧政策的基点,1973年加入欧共体后应该说英国融入了欧洲,但岛国心态却没有随之而消失。相反,英国人不时要显示出自己的身份。

总而言之,维持均势是英国对欧洲政策的主要倾向,这种均势外交有其独特的历史文化渊源,是以"英国利益第一"的原则为指导,维护"均势"、提倡"制衡"的外交精神是一脉相承的。

---

① A.Eden, *Memoirs：Full Circle*, London, 1960, p.168.
② Heater. D., *Britain and the Outside World*, Longman, 1976, p.46.

第二章　战后英国对欧政策的调整及其文化因素

西欧国家一体化①运动的兴起是"二战"后国际关系发展中的一个显著特征，英国与它的关系十分引人注目。在西欧一体化的形成和发展进程中，作为战后初期具有世界影响的主要欧洲强国，英国本来可以在这一进程中发挥与其地位相称的作用。但是，在从1950年到20世纪60年代初西欧一体化发展的最初十多年里，英国却选择了置身事外的方针，以至未能在新欧洲的缔造中打上自己的烙印。此后，英国申请加入欧洲经济共同体的一波三折乃至加入后与欧洲大陆国家的龃龉，不能不与这一后果相联系。

---

① 在战后欧洲联合的发展过程中，一体化特指以让渡国家主权（即超国家）为特征、以建立联盟或联邦为目标的联合，以区别于政府间合作，后者是一种传统的、以逐步建立联邦为目标的联合。

文化欧洲的"分"与"合"

第一节 丘吉尔的"三环外交"构想

19世纪末、20世纪初,英国步入了相对衰落的历史发展时期,逐步放弃了建立在绝对优势基础之上的"光荣孤立"政策。"三环外交"是"二战"后丘吉尔为维持英国的大国地位提出的一项外交总方针,实际上是一个国力日趋衰微的大国在外交战略上所作的一种无奈选择。丘吉尔以"三环外交"著称的思想之所以影响深远,不仅因为它对英国国际地位的渲染,而且在于它对"三环"的次序安排,即英联邦、英美关系以及欧洲,反映了丘吉尔对英国外交政策不同重心的思想,这和工党政府的观点不谋而合。

一、"三环外交"概念的具体含义

1948年10月9日,丘吉尔在保守党的兰达诺年会上发表演说时提出了"三环"的概念。他说:"在这个关系到人类命运的变化时刻,当展望我国未来时,我感到在自由和民主国家中存在着三个大环。……对于我们来说,第一环自然是英联邦和英帝国及其所包括的一切。其次是包括我国、加拿大及其他英联邦自治领在内,以及美国在其中起着如此重要作用的英语世界。最后是联合起来的欧洲。这三个大环同时并存,一旦它们联结在一起,就没有任何一种力量或力量的联合足以推翻它们,或敢于向它们挑战。现在假如你们想象一下,你们就会看到，我们是在这三个环中的每一个环里都占有重要地位的唯一国家。事实上我们正处在三环的联结点上。"① 显然，在丘吉尔看来，英国由于其广泛的国际联系和它在国际关系中所处的关键地位，注定要在国际政治中执其牛耳，发挥某种中心作用，使它可以充当不同国家和地区之间的桥梁和代言人。

二、"三环外交"对战后英国外交的影响

在1948年10月9日兰达诺保守党年会的演讲中，丘吉尔阐述了以"三环外交"著称的思想。丘吉尔的这一演说之所以影响深远，不仅因为它对英国国际地位的渲染，而且在于它对三环的次序安排，即英联邦、英美关系以及欧洲，反映了丘吉尔对英国外交政策不同重心的思想，这和工党政府的观点不谋而合。

经过战后初期一二年寻求建立"第三种力量"的过渡，至20世纪40年代末英国工党政府形成了影响整个50年代乃至更为深远的对欧政策，即在欧洲安全上依靠以美国为核心的大西洋联盟，辅之以支持传统的政府间合作的欧洲组织，如布鲁塞尔条约组织、欧洲经济合作组织和欧洲委员会等，通过它们反对超国家的一体化，继续维持英国在欧洲的领导权。这一政策体现了欧洲在英国战后"三环外交"方针中的地位。

首先，贝文的"第三种力量"构想。第二次世界大战结束后，英国对外政策的主要目标仍然是恢复和维持均势。但是，由于美国和苏联崛起为超级大国与英国实力地位的相对下

---

① 丘吉尔于1948年10月9日在保守党兰达诺年会上发表的演说。

文化欧洲的"分"与"合"

降,英国的任务变得复杂起来。"二战"结束后的一二年中英国不仅需要防止德国的东山再起,维持欧陆均势,而且更重要的是力图维持与美国和苏联的力量平衡,以使英国能够维持其大国地位。

战后英国第一届艾德礼工党内阁的外交大臣贝文的"第三种力量"构想似乎提供了一个解决办法。贝文的"第三种力量"构想以西欧各国联盟为内容,它既能满足西欧的安全需要,又可以作为抗衡美国和苏联的工具。然而,贝文的构想是以战后三大国合作为基础的,当冷战降临时,对英国安全的主要威胁已经不是德国而是苏联,这时独立于美国便成为"奢侈品"。"联美制苏"成了英国外交的主要方针,这就决定了"第三种力量"构想的命运。

其次,转而谋求大西洋联盟。大西洋联盟酝酿之际,即为工党政府逐渐放弃"第三种力量"构想之时,贝文的政策从争取欧洲的支持以使英国能与美苏三足鼎立转向依靠美国与苏联抗衡。在一份为内阁起草的题为"欧洲政策"的备忘录中,贝文分析了选择大西洋联盟而放弃"第三种力量"的理由。[①]

在政治上,新成立的欧洲委员会可能会逐渐唤醒大陆国家的欧洲意识和在世界上起独立作用的愿望,但是由于西欧的经济和军事形势,"没有美国的帮助便不存在使它们融入繁荣和安全的实体的直接希望"。

在经济上,虽然欧洲经济合作组织国家在经济潜力上对苏

[①] 下述观点源自《英帝国终结文件》A 辑第 2 卷第 2 部分,英国皇家文书局 1992 年版,第 343—345 页。

联集团占有优势,但苏联的经济计划一旦完成,这种优势将丧失殆尽。另外,西欧因依赖美国的援助而能够进行合作,但是,"当美国的援助完全停止,目前有限的欧洲经济合作将不复存在"。因此,英国的明智做法是,"无论如何不要以牺牲我们与英联邦和美国的关系为代价去不适当地依靠"欧洲经济合作。

在军事上,西欧不能单独抗衡苏联,即使加上英联邦。在贝文看来,面对苏联的威胁,西欧不足倚恃,那么背靠美国则是自然的结果了。在依靠欧洲还是大西洋联盟作为英国的力量基础问题上,"按照我们的看法,答案是大西洋……我得出这个结论不是因为我反对欧洲,而是因为我不相信欧洲强大到足以单独保卫自己。这是一个现实问题,而不是感情问题"[1]。

再次,文化因素是战后英国孤立于西欧一体化的缘由。如果说"二战"粉碎了德国对战前欧洲均势的挑战的话,那么大西洋联盟的建立形成了东西方力量的均衡。这时英国孤立于欧陆的倾向表现了出来,这种孤立乃是英国的一种主动选择,但已不同于近代的和平时期不与欧陆国家签订有约束力的条约之孤立。因为,欧洲安全的需要已使它不可能置身于大西洋联盟之外,英国已成为西方抗衡东方力量中的一部分而不是隔岸观火的制衡者。"二战"后英国孤立于西欧一

---

[1] 罗杰·布伦、M.E.佩利编:《英国海外政策文件集》(Roger Bullen & M.E.Pelly, *Documents on British Policy Overseas*)第2辑第3卷,英国皇家文书局1989年版,第290页。

文化欧洲的"分"与"合"

体化的缘由，与它当年奉行孤立原则的原因大有相似之处。

英国的岛国地位仍有着深远的影响。现代英国人虽然失去了仰仗海峡天堑远离欧陆的客观条件，不得不把自己的防务与西欧紧密地联系在一起，但是英国人并没有因此忘掉自己的"身份"。正如丘吉尔所言，英国与欧洲相联系，但不是它的一部分。实际上，这是一种历史积淀下来的孤立于欧陆的岛国心态。

英国人的岛国心态是他们的大国心态的反映。"二战"后，英国人从战争中获得了巨大的民族自尊心。当时，英国人自视甚高，他们担心加入西欧一体化会削弱它与美国的特殊关系，使英国不能影响欧洲以外的力量，从而冒失去英国大国地位的风险。

从历史上看，欧陆国家之间的纷争难以消弭。在一体化运动发展初期，并没有令人信服的理由表明它能够取得成功。英国人觉得"令人难以相信，欧洲人在经过了所有的谈判和签署一些文件后，就真的具备一种会取得重大的、建设性进展的政治能力。人们认为，欧洲的生存，毕竟应当归功于英国与欧洲大陆隔绝的地位"①。

与低估西欧一体化的动力相反，英国人仍然坚持与英联邦国家维持密切关系的重要性。在英国人的心目中，英联邦一直是英帝国的基础，而这些国家也不愿英国加入欧洲一体化进程而疏远他们。贝文经常说，在欧洲和英联邦之间，他是丝毫没

---

① F.S.Northedge, *British Foreign Policy: the Process of Readjustment, 1945-1961*, Praeger, 1962, p.135.

有选择余地的。在英人看来,在经济、贸易和历史渊源上,英国与英联邦各国的关系优先于它与欧陆各国的关系。因此,在20世纪50年代,不能削弱与英联邦的联系成了英国官员拒绝参加西欧一体化的方便理由。

担心削弱与美国的关系。在防务和维持欧洲乃至世界均势方面,英国与美国的关系要重于它同欧陆的联系,英国要通过大西洋联盟来构筑西欧的防务体系。在英国人看来,与美国的关系确实具有与英联邦、欧洲关系同一层次的重要性,并成为英国孤立于西欧一体化的重要口实。

最后,战后初期英国对欧政策的特征。实际上,从贝文提出"第三种力量"的构想到他最终转向依靠大西洋联盟,英国工党政府的对欧政策有一个寻求、调整和形成的过程,这一过程与各种因素的变化,首先是冷战的逐渐形成和美国卷入欧洲事务有着直接的联系。重要的是,工党政府的欧洲政策一经形成,随即确实对整个50年代英国的欧洲一体化方针产生深刻的影响,成为50年代英国历届政府处理与西欧一体化关系的政策指南。

英国学者J.弗兰克尔说:"英国建立战后均势的不懈努力可以解释为只是为退出欧洲事务做准备,就像过去每次欧洲大战之后的情形。"[1] 这时,英国对欧政策的特征包括:不接受包含将主权让渡给一个中央政治机构的政治一体化概念,视欧洲合众国为乌托邦;西欧政治联合意味着现存欧洲国家之间通过对共同关心的问题的协商和协议进行紧密、有效的合作;即

---

[1] J.Frakel, *British Foreign Policy*, *1945-1973*, Oxford, 1975, p.234.

使按照上述形式的合作也只能采取渐进的路线。

英国此时的孤立表现为拒不参加"纯欧洲"的超国家主义一体化组织，而宁愿接受传统的政府间合作机构。在后者中，英国不仅能够占据领导地位，而且可以保持行动自由。有约束力的条约承诺是一种范围、性质、时间明确的有限主权让渡，而超国家的一体化在理论上则需要无条件地交出既定领域的全部主权。英国战后参加西欧政府间的合作表明，它在一定程度上卷入了欧洲事务，这不同于近代英国的孤立原则。但是，拒不参加一体化进程则显示了它卷入欧洲事务的有限性，本质上仍然反映了它的传统的孤立主义倾向。

艾德礼政府认为，这种对欧政策既能遏制苏联又能维护英国既得利益，是一种两全之策。英国的对欧政策与美国的欧洲政策在巩固大西洋联盟上是一致的，但是美国还希望欧洲实行一体化而不仅仅是松散的联合。当欧洲大陆一体化提上议事日程并成为现实时，英国的这一欧洲政策便受到真正的考验。

三、"三环外交"中的文化因素：帝国情结

"二战"后，英国尽管面对国力江河日下和欧洲与世界力量对比于己已十分不利的形势，然而其大国情结依然不改。丘吉尔设想在新的历史条件下，依托英国作为"二战"中战胜国的余晖和大英帝国依然保有的大部分殖民地及其同英联邦国家的历史渊源关系，借助在战争中膨胀起来并与英国保有特殊关系的美国的经济和军事实力，促成西欧国家联合抗苏的新局

面，以维护和重振英国的大国地位。

这不仅是丘吉尔个人的外交政策构想，其核心也体现了战后英国历届政府大多数政策制定者的愿望和基本主张。在丘吉尔概括的战后英国"三环外交"中，英联邦与英美的"特殊关系"显然要比英国与欧洲的关系居于更首要的位置，战后的历届首相始终致力于他们"自己的美梦"和他们"自己的任务"——英国对于英联邦的义务及英美特殊关系。它表明英国外交既想努力适应环境的变化，又试图在变化了的环境中不与其传统的利益观决裂。

从理论上讲，"三环外交"是一种相当高明的决策，也许正因为如此，几十年来英国这个实力已一落千丈的昔日大帝国才没有在欧洲和世界的政治舞台上被人遗忘。然而，英国政治家们在推行"三环外交"的过程中始终背着"世界大国地位"的沉重包袱，不能不面对实力有限与战线过长的尖锐矛盾。

随着英国实力的相对衰落及其内外环境的变化，英国不得不从"帝国环"撤退，并对其在全球范围内所承担的广泛义务和"责任"实行收缩，实施对外战略重点面向欧洲的转变。不过这里需要指出，英国外交的"欧洲化"只是一种侧重点的调整，并不是从根本上放弃了"三环外交"。英国虽然把同西欧其他大国，特别是同欧共体的关系放到了更为重要的位置，但仍会利用英美之间存在的密切联系，谋求实现自己的战略需要，也不会放弃它同英联邦国家的传统联系，而会在更广泛的世界范围内努力推进自己的利益。

文化欧洲的"分"与"合"

第二节 麦克米伦政府对欧政策发生转折

麦克米伦对欧政策的决策是对战后英国"三环外交"的第一次调整。"二战"后英国第一届内阁艾德礼工党内阁于20世纪40年代末形成的英国对欧政策,很快受到50年代欧陆一体化的挑战,因为英国坚持既定的欧洲政策,孤立于西欧一体化进程,在现实中遇到越来越多的困难。至60年代初英国开始转向欧洲,其直接原因是,面对西欧一体化事业的成功,它的既定欧洲政策陷入困境而不能维护它在欧洲的利益。

在这一过程中,英国政府的对策呈现出两种趋势,一种是坚持既定政策,置身局外,拒不参加欧洲一体化组织;另一种是密切关注欧陆一体化发展,以各种形式与其建立联系,而不愿丧失它在欧洲的影响。这两种趋势相辅相成,构成英国50年代对西欧一体化政策的主要特点,反映了英国人既不愿意与欧洲大陆完全融为一体,又不想与其断然分离的心理。这一现象是英国对欧洲外交的深厚传统在现实中的体现。

一、麦克米伦政府申请加入欧共体

第二次世界大战后,欧洲重组过程中最鲜明的特点就是趋向联合的一体化进程,从传统和现实的角度考察,这都是其他诸大洲不可能出现的现象。所以,欧洲一体化具有其历史发展的特性，是一个值得深入探讨的话题。在这段独具特色而又充满曲折的历史发展中，英国扮演了一个"不安分的欧洲人"的角色。

英国这个显赫一时的大帝国，从力图凭借凌驾或超越欧洲的姿态影响和干预欧洲事务到后来力争成为一个"合格的欧洲成员"以求被欧洲经济共同体接纳，经历了外交政策的重大转折。

20世纪50年代末60年代初两度组阁的麦克米伦首相（1957—1963），堪称这一变化的开路先锋。在他任内的英国政府第一次公开指出，英国不可能再凭借它本身的资格在世界事务中发挥重要作用，这对于英国长期以来的孤立主义传统和帝国心态而言，都是异乎寻常的举动。

当麦克米伦于1961年8月正式宣布申请加入欧共体时，"是在工党和他自己的保守党内相当一大部分人反对的情况下做出这一决定的"[1]。这个重大问题受到来自国内各方彼此冲突的压力，从内阁到议会都存在分歧。当然，哈罗德·麦克米伦并不是个一意孤行的独裁者，他这样做自有他的道理和考虑。之所以向欧陆做出这种低姿态，一方面是因为国力的衰退，无力将大英帝国形象的门面继续支撑下去；另一方面则是因为与实力相连的各项外交也屡屡受挫。与那些对英国前景持盲目怀旧和乐观态度的政客相比，他更深刻地看到了帝国的危机。

---

[1] Jacqueline Tratt, *The Macmillan Government and Europe*, Macmillan Press Ltd., 1996, p.250.

二、麦克米伦对欧政策发生转折的原因

首先,源自英联邦内部的貌合神离。传统的均势原则的影响使英国不能对欧洲大陆一体化的发展袖手旁观,而导致英国人愈来愈关注欧洲大陆的深层次原因是20世纪50年代开始英国对外贸易重心从英联邦转向欧陆国家的结构性变化。这种变化使原有的英联邦体系难以继续正常运转,导致英镑区和联邦特惠制等经济机制逐步解体,从而严重削弱了维系英联邦内部联系的经济基础,加剧了英联邦国家的离心倾向。

同时,随着战后非殖民化运动的展开,英国在海外的利益呈萎缩之势。如果说从战后初年到50年代早期英联邦联系对英国远东政策发挥了积极而富建设性的作用和影响,那么1956年的苏伊士运河危机就是这段辉煌日子的终结。英联邦和欧洲力量的一消一长,使得英国丧失了维持孤立原则的经济和政治基础,这一点是毋庸赘言的。①

其次,西欧一体化的蓬勃发展。50年代西欧一体化的直接动力是法德和解,但随着西欧一体化的重新启动,西欧共同市场计划逐渐显示出其生命力。欧洲经济共同体内部的贸易发展迅速,其增长速度是与非成员国贸易发展的两倍,"欧洲经济共同体成为世界最大的贸易大国"②。希思指出,这个"新

---

① See D. Sanders, *Losing an Empire, Finding a Role: An Introduction to British Foreign Policy since 1945*, New York: St.Martin's Press, 1990, pp.147–156.

② Derek.W.Uvwin, *The Community of Europe: A History of European Integration since 1945*, Longman Group Ltd., 1991, p.85.

集团的实力和规模"表明六国共同市场"已经立定了脚跟","并且所有迹象都表明它未来也将获得成功"。①

这一切使英国感到坐立不安,因为一个大陆集团逐渐成了气候,尤其戴高乐重新上台后,法德轴心开始形成。英国领导人以传统的眼光看到,正在形成的欧洲大陆集团对英国在欧陆的利益构成严峻的挑战,英国在欧洲大陆的影响势将为法德轴心所取代。对此麦克米伦特别敏感,他多次以近代反英大陆同盟来类比是不无缘由的,因为一个突起的欧洲大陆国家集团正是英国均势原则所竭力阻止出现的现象。

在这种背景下,麦克米伦深感英国传统的对欧政策应该有所转变,最重要的一点是,首相显然开始关注欧洲共同体的政治效应更胜于其经济成就。对欧洲政策的这种变化在 1960 年下半年已初显端倪,只是还不大引人注目,它间接地反映在 7 月间英国政府的改组上。改组的结果在很大程度上是把原来由商务部和财政部负责的英国和欧洲两个经济集团的关系改归外交部负责。它意味着英国政府不再单纯从经济角度看待共同市场,而是触摸到了更为深远的政治意义。

所以导致英国对欧政策发生转折的动力并非是进入欧洲的贸易风险的削弱,而是处于欧洲之外的政治风险的增强。英国政府对于西方同盟内部越来越不团结的前景无疑感到忧心忡忡。可是更根本的也许是英国政府越来越认识到,一个强有力

---

① [英] 乔治·哈钦森:《爱德华·希思》,复旦大学资本主义国家经济研究所编译组译,上海人民出版社 1973 年版,第 77 页。

的、团结的西欧国家集团的出现——像欧洲经济共同体那种形式——可能对英国在该地区的作用及在整个世界的地位有不利的影响。

"（英国）是应置身于欧洲联合运动之外，还是为促进这个运动而尽我们的责任呢？是应保持我们在新世界中的影响，还是在现代世界的巨大的结盟面前听任我们本身的政治与经济力量相对地萎缩下去以削弱我们的影响呢？"① 这就是麦克米伦面对抉择时提出的设问。毫无疑问，首相此时已决意向欧共体靠拢。尽管人人都心知肚明，英联邦的农产品特惠制会首当其冲地因此受损，但是，"英国政府不能期望在达到目标时不'打碎几颗鸡蛋'"②，更何况"英联邦足以构成独特的特惠区的观念……愈来愈缺少说服力"③ 了。

最后，美国对英国欧洲政策的影响。苏伊士运河危机不仅让英国政府开始反思英联邦在其外交活动中的地位和作用，而且最令英国政府懊恼和痛心的是向来引以为自豪的"特殊关系"此刻也需要重新估价与定位。

20 世纪 50 年代，英国对西欧一体化的外交中一个有趣的现象是，一方面，英国强调它参加西欧一体化组织将削弱

---

① ［英］哈罗德·麦克米伦：《麦克米伦回忆录（六）·从政末期》，陈体芳译，商务印书馆 1980 年版，第 19 页。

② Kristain Steinnes, "The European Challenge: Britain's EEC Application in 1961", *Contemporary European History*, 1998(7), pp.61-79.

③ F.S.Northedge, *British Foreign Policy: The Process of Readjustment, 1945-1961*, Lodon, 1962, p.197.

它与美国的特殊关系；而另一方面，美国则鼓励英国与欧陆国家融为一体。因此说，美国并不是影响英国发展与欧洲大陆密切关系的障碍。产生这种看似矛盾的现象的原因在于英美两国对他们之间的看法不同，对欧洲一体化观念和政策的分歧。

如前所述，英国极其重视美国在西欧防务中的作用，同时欲借助与美国的特殊关系维护自己的大国地位。但是，这种特殊关系是单方面的，在美国人看来，如果说英国在战后初期美国的全球战略中还有相当重要的地位的话，那么随着西欧的复兴，他们更倾向于将英国视为重要的合作伙伴而不是凌驾于其他欧洲国家之上的特殊伙伴。与英国人炫耀与美国的关系特殊相反，美国人生怕强调这种特殊会给他们与其他欧洲大国的交往带来困难，并增加英国讨价还价的砝码。

在欧洲联合问题上，第二次世界大战后，美国为了便于控制西欧，对抗苏联，极力促进西欧联合；而英国一直自视为版图遍及世界的大帝国，不甘心仅作世界一隅的欧洲中的一员。因此，如若英国选择加入西欧一体化，不仅不会削弱它与美国的关系，反而可以消除两国关系中的一个分歧，而对英国来说，加入西欧一体化实际上削弱的不是英美关系，而是它所坚持的自己的大国地位。

随着共同市场计划的成功，美国越来越表现出发展与欧洲大陆关系的兴趣。通过欧洲经济合作组织，欧洲经济共同体这个具有超国家意义的组织同华盛顿有了更直接的联系，而英国则被撇在一边。"西方世界的经济关系模式正处在重铸的过程中，战后英国赖以实现其在欧洲的政治和经济霸权的安排正在走向终结。"①这使英国有了真正的危机感,因为欧洲大陆一体化集团的形成本来已对英国在欧洲的地位构成威胁,如果美国再把这一集团当作主要伙伴,那么可想而知,英国将很可能要丧失在欧洲所剩下的影响。因此,一直坚持自己既定政策的英国到了50年代后期,已经陷入了危险的孤立,而不是自己选择的、能使自己保持行动自由的孤立。

总而言之,在美国的支持下,欧陆国家一体化事业不断取得进展,新欧洲的崛起已呈不可逆转之势,英国海外利益的萎缩只是反衬出欧洲生机勃勃的发展。西欧一体化的成功正是促进英国对欧洲政策变化的主要动力。在50年代西欧一体化的进程中,英国坚持既定政策、置身西欧一体化运动之外的趋势逐渐减弱;而调整既定政策,与欧陆加强联系的趋势在不断增强,直到1961年做出申请加入欧洲经济共同体的决定,在欧洲寻求与自己资源相称的地位。

三、文化因素对麦克米伦对欧政策的影响

在丘吉尔为英国定位的"三环"中,麦克米伦已难以按照既定的传统模式经营料理,麦克米伦考虑对欧政策时,同时牵涉到以"三环"为主线的诸多因素,涣散的英联邦,对立的欧洲,还有令人怀疑的"特殊关系",这就是摆在首相面前的"三环"状况。麦克米伦执意提出申请的意图,就是要为外忧内困的英国寻求一条摆脱困境的出路,加入了欧共体,一

---

① Jacqueline Tratt, *The Macmillan Government and Europe*, Macmillan Press Ltd., 1996, p.72.

方面可以利用其成员国的身份,提高国际政治地位;另一方面亦可刺激国内经济的发展,从而增加与美合作的资本和控制英联邦的力量。作为一个经验丰富的政治家,麦克米伦深谙英国传统中的实用主义原则,因而冒众多不韪做出了超越"三环"的尝试。诚如爱德华·希思对这种引以为荣的能力做出的评价:"我们的特殊力量在于我们深刻理解历史,知道在恰当的时候做恰当的事。"①

麦克米伦的对欧政策之所以发生转折,是为了适应国际局势的变化和挑战,从而着手调整英国传统外交模式下的比重和次序,以维护大不列颠的大国形象和地位。正是因为决策者的出发点和关注点仍然未脱"三环"的窠臼,因而尽管麦克米伦在主观上做出了超越传统"三环外交"模式的抉择,但在外交实践中还是兼顾既往的利益关系而不自觉地落入了俗套。麦克米伦对欧政策的决策是对战后英国"三环外交"的第一次调整,接近欧洲的政策就意味着与美国、与英联邦的疏离。然而,正因为是转折的肇始阶段,所以"三环"中英国一向将英美特殊关系和英联邦置于优先地位的传统仍然在发挥惯性作用。由此可见,即使以灵活机动著称的英国实用主义外交策略也一时难以应对传统事物对变革的固有影响。

麦克米伦向欧陆靠拢的深层动机并不是要彻底打破英国旧有的外交格局,而是要在丘吉尔所描述的以英国为中心的"三环模式"基础之上,调整传统的外交重心,赋予它新的意义和

---

① Rithchie Orendale, *The English-Speaking Alliance: Britain, the United States, the Dominions and the Cold War*, London, 1979, p.14.

生命力。而获得欧共体的认可，某种程度上是为了给加固另外两环提供更多的资本和回旋余地，因而麦克米伦向欧洲发出"求爱"信号的同时，他还在患得患失，力图维持与"旧欢"的既有关系。这种暧昧的态度使麦克米伦对欧共体一改往日政策的举措虽具转折性，但却不足以打动六国，特别是对英美心存芥蒂的戴高乐。戴高乐认为，英国加入欧共体不是真心来建设"欧洲人的欧洲"，而是作为美国的特洛伊木马，这也就决定了其受挫的命运。戴高乐于1963年举行记者招待会，否决了英国的申请。

第三节　撒切尔政府与欧洲一体化

　　战后英国两党的历届政府都已目睹了英国的衰落，不断地对既定欧洲政策进行局部调整以适应形势的变化，并采取了相应的收缩措施。麦克米伦说，他自己在暗暗引导英国放弃帝国，使英国正视一个商业冒险的新时代。苏伊士挫折后，他率领英国离开了苏伊士。威尔逊赞赏这位首相的明智之举，并表示"我也想这样领导工党"①，并准备时机成熟时把英国带进欧共体。1973年，爱德华·希思终于叩开了布鲁塞尔的大门。

　　20世纪60、70年代英国外交战略虽然实现了重点面向欧洲的转变，但仍存在"大西洋主义"与"欧洲主义"之争。

---

① ［英］乔治·汤姆森：《英国历届首相小传》，高坚、昌甫译，新华出版社1986年版，第341页。

英国政治中这两种倾向之争在撒切尔夫人主政时期表现得十分突出,撒切尔主义外交,从某种意义上说,就是大西洋主义在英国对外政策上的一种集中反映,保持良好的英美关系在撒切尔夫人的外交政策中历来占首要地位,同西欧国家的合作是第二位的。

一、对欧洲一体化更趋积极

在撒切尔第一届政府任内,为了维护英国的利益,她在预算摊款和共同农业政策等问题上同其他成员国,尤其是法国进行了激烈的斗争。从第二届任期开始,特别是在1984年共同体枫丹白露首脑会议初步解决了英国预算摊款回扣问题以后,英国与其共同体伙伴的关系和它对西欧联合的态度发生了较大的变化。

英国《金融时报》著名评论员伊恩·戴维森在评论撒切尔夫人执政以来的对外政策时指出,尽管撒切尔夫人的"天然本能"仍然是亲大西洋主义的,但客观形势使得她的政府"逐步地和不可挽回地加强了与大陆欧洲的联系","英国终于开始成为一个为建设一个更为联合的欧洲而做出创造性贡献和抱合作态度的国家"。① 1984年的枫丹白露会议可以说是英国与共同体关系的一个转折点。

1984年的枫丹白露会议前,英国向各国政府首脑提供了一份题为"欧洲的前途"的文件。该文件确认美国对欧洲安全、东西方关系和世界经济贸易问题的处理仍将起主要作用,

---

① 《金融时报》,1987年4月2日。

但认为西欧也应该使自己在上述方面发挥重要作用。文件指出,在政治合作上,共同体国家需要更有活力、更有目的地采取行动,目标应当是逐步实现一种共同的对外政策,加强大西洋联盟的欧洲支柱,改进欧洲防务合作。它表明了英国对欧洲建设所持的观点:应该使欧洲一体化在更广泛的政治领域内取得进展,英国愿意与西欧其他国家建立更为合作的关系。

英国在欧洲联合,特别是在欧洲安全防务合作问题上的态度变化,并不是孤立的、偶然的。

第一,它是欧洲形势和整个世界政治格局发展变化的产物,是西欧国家面对错综复杂的形势所做出的反应的一个组成部分。美苏关系的变化和美国战略思想的调整使欧洲在美国军事思想中已不像过去那样占据支配地位,战略防御思想对许多美国人具有明显的吸引力。事态的发展迫使西欧国家在战略防务思想方面进行反思,他们担心总有一天欧洲支柱可能不得不单独支撑。西欧国家必须为美国可能减少对欧洲的防务义务和从长远来说有可能出现一个核武器较少的世界做好准备。欧洲将不得不在西欧防务问题上更加立足于自己的力量,也就是为建设一个更为平等的大西洋联盟的第二根支柱承担更大的一份责任。总之,美苏关系的变化和美国战略思想的调整,促使西欧国家刻不容缓地加强他们之间的安全防务合作和政策协调,英国也不可避免地被卷入了欧洲这个主潮流。

第二,共同体经济上一体化的深入发展符合英国的经济利益。英国加入欧洲共同体以来,已深深地卷入西欧经济的一体化进程,也享受到了给它带来的好处。撒切尔上台后,英国与欧共体间贸易比重逐步升到英国对外贸易总额的一半以上①，欧共体成员国资格还为英国带来了大量外国尤其是欧共体的投资。欧洲一体化的深入发展，尤其是统一大市场的即将建成，无疑会为英国带来发展良机，从根本上说符合英国利益。而英国回顾它从最初的超然物外到两次被戴高乐出示红牌拒绝以及最终以迟到者身份加入所付出的昂贵代价时，更须珍视这份来之不易的成员国资格。英国大众对欧共体已变得更能接受，态度也逐渐走向积极，英国支持深入一体化的人在逐年增加。

第三，英国政府利用国际局势的多变和它同超级大国的联系，谋求在东西方关系中发挥更大的作用。英国在共同体中的地位和影响，似乎也可以作为英国领导人同美苏打交道时的一项筹码。撒切尔夫人试图通过改善英国同共同体其他成员国的关系，加强英国在共同体中的地位和影响，提高英国的国际地位，在同超级大国打交道时充当西欧的代言人。

二、在欧洲联合问题上的矛盾和分歧

英国在加强同西欧合作的同时，同其西欧伙伴在欧洲联合问题上仍存在一些深刻的矛盾和分歧。

第一，在欧洲经济货币联盟问题上，英国拒绝参加欧洲货币体系，对建立统一的欧洲中央银行和货币联盟持保留态度。1989年，欧共体执委会主席德洛尔代表欧共体提出了深化一体化改革的"德洛尔计划"，该计划主张建立欧洲经济货币联盟，分三阶段实施：首先是各国货币加入汇率机制；其次为成

---

① Micheal Franklin, *Britain's Future in Europe*, London, 1990, p.14.

立欧洲中央银行控制各国的货币政策；最终是实现欧洲单一货币以取代各成员国货币。撒切尔夫人反对德洛尔的联邦主义欧洲目标，主张建立一个独立主权国家的联合体。她说："我的第一项原则是，独立主权国家间心甘情愿的、积极的合作是成功地发展欧共体的最好办法。压制民族主义和把权力集中到一个欧洲联合体的中心将是极为有害的，并且会危害我们追求的目标。"她又说："欧洲所以能更加强大，恰恰在于它有作为法国的法国、作为西班牙的西班牙和作为英国的英国。每个国家都有自己的传统、习俗和个性，试图让它们服从某种统一的欧洲个性是愚蠢的。"① 这项原则便成了撒切尔政府对待欧洲经济货币联盟的准则。

第二，在政治联盟问题上，英国认为欧洲联盟的主张不切合实际，发展内部统一大市场，并不是将权力集中到布鲁塞尔，形成一个超欧洲国家。撒切尔夫人坚持政治一体化应有限度，不应把各国的议会、君主制和选举制度包括在内，它应是主权国家间自愿的合作，而不是强行一致的欧洲的合众国。她认为"法德提出的政治联盟建议如果变成现实，将夺走欧共体成员国的主权"②，明显流露出英国担心政治一体化会使大不列颠丧失国家主权和独特的民族个性。1990年10月24日，欧共体特别首脑会议在罗马举行，议题之一是讨论欧洲联盟，结果11个国家一致同意欧共体要有共同的对外政策和安全政策，

---

① Alistair Cook, *Margaret Thatcher: The Revival of Britain Speeches on Home and Europe Affairs 1975–1980*, London, 1989, p.91, 105.

② *The Times*, 23 Apr. 1990.

英国再次提出保留。这种坚持国家主权不可转让的立场，与其欧洲伙伴形成明显对立。

第三，在欧洲防务合作问题上，如果说20世纪军事技术的发展已使英吉利海峡难以成为英国安全的重要屏障，那么核时代的到来更使英国人完全失去了仰仗海峡天堑远离欧陆战祸的客观条件。但英国仍然强调任何密切欧洲防务合作的行动，都应有利于加强大西洋联盟的欧洲支柱，而不是离开大西洋联盟、疏远美国另搞一套。针对法德日益紧密的防务合作，撒切尔夫人多次谈到担心在西欧出现一个可能不知不觉地、非出自本意地起到破坏大西洋联盟作用的小结构。

撒切尔夫人在1988年发表演讲阐述对欧洲建设的看法时，提出了五项原则：各成员国的议会权力应受到尊重；共同体的行动应注重实效，在共同农业政策的改革方面尤应如此；欧洲经济的发展应采取自由的，而不是集中的模式；欧洲不应是保护主义的；欧洲应在北约和西欧联盟中加强自己的存在，以便为西欧防务做出更大贡献。

三、文化因素是撒切尔政府对欧政策的深层动因

英国自1973年正式加入欧共体以来，已逐步地、无可挽回地卷进了欧洲经济政治一体化进程。但英国加入欧共体后，在对外关系安排上依然存在着所谓的"欧洲主义"与"大西洋主义"之争。撒切尔夫人强烈的亲美反欧情绪，促使她1990年在罗马举行的欧盟峰会上投票否决欧洲经货联盟的第二阶段建设计划，引发了一场全面的英政府危机，并最终导致

文化欧洲的"分"与"合"

她辞职离开政坛。

作为出身并不显赫,凭借艰辛的自我奋斗入主唐宁街的女政治家撒切尔,她在帝国光环笼罩下成长,经历了"二战"后英国的江河日下,十分清醒地认识到英国已不再是世界一流大国,因而需要收缩。但她不愿承认英国仅作为欧洲级别的一员,更不愿承认英国作为欧洲强国从某种程度上讲也名不符实的残酷现实,宁愿丢掉乌纱也不肯双脚踏上欧洲大陆。她的政府要在收缩中发奋,在退却中图强,因而变革成了她首相生涯中内外政策的主流,这似乎也是她的政府欧洲政策的注脚。

诚然,战后英国两党的历届政府都已目睹了英国的衰落,并采取了相应的收缩措施,但这条漫长曲折的欧共体之路也同时充分说明了英国人走出历史实属不易。传统对英国的影响太大了,以致形成无法卸下的包袱,多数英国人尤其是政治家思考、决策时无法不受昔日帝国成就的影响。数个世纪的辉煌在历史、文化、制度、社会生活、民族心理上沉积太多,似乎思维方式都呈现出鲜明的英国特色:崇尚渐进、反对剧变;力求稳健、时而保守;为帝国成就自豪,难免有岛国的偏见。当他们迫不得已面向大陆,面对海峡又怀念过去,总怕一旦双脚跨上大陆,引为自豪的一切顷刻就淹没于身后那片蓝蓝的海水,这种心态为战后两代政治家所共有。

安东尼·桑普森说:"对于尊重传统的保守党来说,帝国的余殃是一场严峻的挑战"[1],对工党来说,何尝不也如此。

---

[1] [英]安东尼·桑普森:《最新英国剖析》,唐雪葆等译,中国社会科学出版社1988年版,第1页。

上　篇　"脱欧"还是"回归欧洲"

当他们认识到收缩的必要并走出一串清晰可见的脚印时,大英帝国的舵手丘吉尔用"三个同心圆"告诫后任;麦克米伦便墨守丘吉尔的老主张——英国是下列"三环"——欧洲、英联邦和美国的交接点;安东尼·艾登为管好遗产与法国人一道对苏伊士发动了残阳式进攻;道格拉斯·霍姆爵士热情支持这样的论点——英国必须拥有自己的核武器,并以这种形式保持一支独立的威慑力量①;最后在帝国夕阳下成长的女首相则宁愿丢掉乌纱也不肯双脚踏上欧洲大陆。

撒切尔政府时期的英国正值要清醒认识到英国不过是个寻常的欧洲国家的时期,撒切尔政府确已认识到这一点。但它无法抹去对帝国历史传统的记忆,也无法割断与战后历届英国政府对欧政策的联系,甘愿仅为欧洲的一员,这是决定撒切尔政府对欧政策的深层因素。

---

① [英]乔治·汤姆森:《英国历届首相小传》,高坚、昌甫译,新华出版社1986年版,第335页。

第三章 英国工党的亲欧演变：政治文化趋同

随着一体化进程的不断加速，保守党政府执行的以市场经济原则为基础的国内政策和欧盟中不断加强的国家干预政策间的矛盾日益加深。同时，欧盟在货币等领域对各成员国主权所构成的挑战与以保护国家主权为核心的保守党的政治理念越来越难以调和。1997年5月1日的英国大选中，执政18年之久的保守党遭到惨败，工党东山再起，以创纪录的优势赢得大选，这在很大程度上得益于保守党内部围绕欧洲问题的争论。率领工党夺取胜利的托尼·布莱尔成为英国自1812年以来最年轻的首相，"第三条道路"① 成为英国工党执政的基本思想纲领。2001年，布莱尔再次以绝对优势赢得大选，打破了英国工党在过去从未有两届连任的记录。2005

---

① 这里使用的"第三条道路"概念如无特别说明均指20世纪90年代兴起的"第三条道路。"

年，布莱尔赢得第三次竞选连任，英国工党的执政优势日益凸显。

第一节　20世纪80年代中期前工党的对欧政策

"二战"后英国工党不仅和英国其他政党一样要面对英国文化传统和国内外政治环境中排斥欧洲一体化的诸多因素，而且还必须设法调和自身意识形态和思维方式与欧共体的资本主义性质之间的冲突。因而围绕欧洲一体化问题党内纷争不断，20世纪80年代中后期之前，总体上呈现出明显的反欧倾向。

当时英国工党中，传统的民族国家和民主社会主义思想占据主导地位。一方面，他们认为欧共体与工党的国有化、福利国家等社会主义理想背道而驰，建立这样的超国家共同体只会成为自己推行国有化等带有社会主义性质改革的障碍。1962年，当时的工党内阁成员哈罗德·威尔逊在议会辩论中宣称："事实是《罗马条约》从根本上看是反对计划经济的，是与我们理解的国家对经济的干预政策不相容的。"① 另一方面，工党的主要支持力量英国工会运动和工人阶级，仍然怀有一种根深蒂固的民族优越感，对欧洲一体化持怀疑态度。他们认为欧洲一体化可能导致国家主权的丧失和转移，主权问题也成为工党接受一体化思想的障碍。

---

① D.Butler, *Socialist Parties and European Integration: A Comparative History*, London: Macmillan, 1992, p.54.

文化欧洲的"分"与"合"

因此，1950年欧洲煤钢联盟成立时，工党政府就拒绝加入。在1971年关于加入欧共体的全国性大辩论中，工党也以保护国家利益为由反对加入。英国最终于1973年成为欧共体成员国后，刚刚上台执政的工党政府立刻就英国是否应留在欧共体内举行了全民公决。1983年大选，工党在其竞选纲领中正式写入退出欧共体的政策主张。但是1983年大选的惨败表明，其反欧立场和孤立主义已难以适应国际合作和一体化不断深化的现实，英国工党不得不开始检讨其对欧洲一体化的态度了。

第二节 英国工党亲欧政策演变的现实因素

"二战"后，欧洲问题在英国政治中已远远超出外交政策的范畴，成为英国国内政治中一个举足轻重的方面。两大政党中，工党在欧共体成立后的近20年一直表现出强烈的反欧倾向，其反欧立场在1983年大选中达到登峰造极的地步，其竞选纲领明确提出了退出欧共体的政策主张。但是自20世纪80年代中期开始，面对不断加速的欧洲一体化进程，工党逐渐从传统的反欧立场转向明显的亲欧立场。

一、国内因素：英镑危机和经济增长缓慢

20世纪70年代威尔逊和卡拉汉执政期间，工党政府未能解决好经济发展和国际收支问题，导致英镑危机，出现了

高通胀低增长的滞胀问题。经济增长的缓慢使工党政府无力进行社会财富的再分配，难以满足改善工人待遇的要求，因而劳资纠纷不断发生。正如英国工党理论家克罗斯兰所说，实现社会民主主义要求对"社会财富和资源进行再分配，如果总资源不能得到迅速增加，这些目标就会落空"①。

后来的工党领导人意识到在经济、金融相互依赖日益加强的世界，欧洲货币机制可以成为抵御货币投机的一种有效手段。工党与欧盟的合作有利于其放弃国有化和对经济过度干预的政策主张，削弱党内激进派，避免重蹈70年代工党政府失败的国家控制经济和孤立政策的覆辙。

20世纪80年代的英国，工会运动在撒切尔政府的打击之下正处于低谷。1988年，德洛尔出席了在波恩默斯召开的英国职工代表大会会议，他在会议发言中强调了在统一的欧洲大市场内部建立旨在保护雇员权利的社会宪章的必要性。英国的主要工会组织认识到通过欧盟这一舞台，可以实现在撒切尔统治下的英国难以实现的目标。

二、国际因素：顺应欧洲一体化的潮流

英国工党还从法国社会党在80年代初的执政经验中吸取了教训，意识到当前的欧洲在一国范围内实现社会民主主义的目标并不现实。1981年上台执政的法国社会党宣称要与资本主义决裂，采取了一系列改革措施。然而，这些改革只持续了一年就导致巨额贸易赤字、法郎贬值，政府被迫冻结了价格和

---

① C.A.R Crosland, *A Social Democratic Britain*, Fabian Society, 1971, p.156.

文化欧洲的"分"与"合"

工资。在此背景下，英国工党在 80 年代末认为加强欧洲货币机制不仅可以控制国际资本，使左派政府免受货币投机的影响，又可以借助该机制实现降低失业的目标。金诺克以此作为工党应采取更积极的欧洲政策的理由。他指出："在这样一个跨国资本横行的时代，民主也必须实现国际化。"①

在 1988 年 10 月的工党代表大会上，工党正式放弃了退出欧盟的主张，代之以英国应在政治和经济上与欧洲实现一体化。会议决议指出如果欧洲社会党不能在欧洲单一市场框架内补充有关社会公正的内容以保证使全体人民受益，那么一体化只会使工商业主受益。因而，工党必须参与这一进程，进而影响其发展。②

在 1989 年欧洲议会选举宣言中，工党明确表示全力支持社会宪章。在随后保守党政府与欧盟围绕社会宪章进行的斗争中，工党始终站在欧盟一边。在更具争议的经货联盟问题上，工党政策也出现了松动。80 年代末，对于英国加入欧洲货币机制，工党主张应迅速加入，以对付不断上涨的通货膨胀率。

第三节 英国工党亲欧演变的政治文化因素

如布莱尔所说，"第三条道路"并非左派和右派的简单妥

---

① N.Kinnock,"New Deal for Europe", *New Socialist*, February, 1984.

② D.Butler, *Socialist Parties and European Integraiton: A Comparative History*, London: Macmillan, 1992, p.127.

协，而是摆脱过时的理论束缚，把社会民主主义和自由主义理论运用到社会和经济正在发生巨大变化的时代。正是这一变化使工党可以在理论上接受欧盟的统一市场和单一货币等以自由主义经济学为基础的机制。与此同时，公民的欧洲和社会欧洲成为欧盟的重要价值取向之一，欧盟20世纪80年代中后期出现的带有社会民主主义趋向的变革，使欧盟和工党在政治文化上出现了趋同的走向。

一、"第三条道路"在英国的兴起

1997年5月，英国工党领袖、首相布莱尔提出了布莱尔主义，标志着"第三条道路"正式出炉。"第三条道路"不仅体现了一种竞选战略，也标志着政治文化的新发展。"第三条道路"的出现不是偶然的，它有着深刻的时代背景和历史原因，反映了西方左派在新的历史条件下的尝试和努力，折射出资本主义在新时代的变迁。

首先，冷战结束和全球化时代是"第三条道路"兴起的时代背景。冷战结束为各种思想和探索的出现提供了广阔的空间，使得"第三条道路"在社会政治变化中获得了现实的支持和动力。同时，面对全球化和知识经济的挑战，资本主义国家出现了各种难以解决的棘手问题，传统的政策思路已经捉襟见肘，不能应付日益严峻的形势。正是在这种背景下，"第三条道路"才应运而生。

其次，"第三条道路"兴起的历史原因。吉登斯关于"第三条道路"的理论是其得以形成的理论动因。伦敦经济与政治学院院长、"第三条道路"的理论权威安东尼·吉登斯被认为是布莱尔的思想之师,他在《第三条道路:社会民主主义的复兴》一书中的观点,包括新个人主义、人与自然的关系、全球化、积极的福利制度等,都为布莱尔倡导"第三条道路"提供了根本的政治依据和理论动因。吉登斯曾自豪地宣称:"第三条道路不但没有放弃社会正义和团结,而正是今天追求以上理想的惟一有效手段;它决非不能处理不平等和企业权力问题,而正是当代世界达此目标的唯一有效途径。"①

英国政党本身的危机是"第三条道路"兴起的实践动因。自1979年以来,工党连续在四次大选中败北,工党被视为是主张大政府、国家主义、干预企业、热衷于更高的税收和更多的公共开支。布莱尔认为工党一些传统的意识形态如大规模国有化等已经过时,不适应现实经济政治形式的需要。要想赢得大选,必须用现代化的理论来改造工党,也就是所谓的"第三条道路"。

再次,"第三条道路"的特点。作为一种新的思想理论,"第三条道路"对传统的社会民主主义作了创新性发展和改造,主要体现在三个方面。其一,在意识形态层面上,"第三条道路"声称要摆脱过时的意识形态的束缚。在"第三条道路"的视野中,社会主义的概念已淡出,强调在资本主义范畴之内超越左与右、兼顾发展与正义、均衡权利与义务。

---

① [英]安东尼·吉登斯:《第三条道路及其批评》,孙相东译,中共中央党校出版社2001年版,第29页。

其二，在政策层面上，"第三条道路"强调社会民主主义和新自由主义的融合。布莱尔所提倡的"第三条道路"在接受传统中左道路的团结、社会公正、责任和机会平等这些基本价值观念的基础上，融合了社会民主主义和自由主义的思想特征。根据新的价值观念，新工党在经济政策方面吸收了许多自由主义的积极成分，以此纠正传统工党政策中简单的国家干预的思想政策，重视市场的作用，试图将自由市场与社会公共道德结合起来。

其三，在思维方式上，"第三条道路"体现了鲜明的创新性和高度的灵活性。传统的社会民主主义偏执于社会民主的目标，始终把自由、公正和互助作为基本价值观。在新的历史条件下，社会民主党的传统理论和思维模式显然已不能适应全球化和知识经济时代的变化和挑战。"第三条道路"以创新性的思维模式对传统的社会民主主义进行了大胆的扬弃，吸收了新保守主义、新自由主义的有益成分，实现了一种超越和融合。

二、欧洲社会党经历巨大变革

布莱尔的"第三条道路"并不是孤立的个人或一个国家政府的政治和政策主张，"第三条道路"已成为欧美国家的新主流，并一度（1998年）出现社会党在欧盟15国中的13国领导或参与执政的盛况。这些政党的政策虽不完全相同，但是有很多相似或相近之处。法国总理若斯潘的主张与布莱尔"第三条道路"的主要内涵几乎不谋而合，德国社民党的施罗德也是以革新和公正、新的中间派等口号在总理竞选中取胜的。相对于传统的社会民主主义，"第三条道路"的政策更加务实，更多关注解决实际问题，而非追求一些美好动听、虚无缥缈的目标。

首先，在思想意识方面淡化党的意识形态色彩，对党的价值观念进行新的解释，主要表现是淡化或放弃社会主义的目标。各国社会党价值观念更新的一个普遍趋势是用新的精神，即更多用自由主义的精神来解释传统的进步主义价值观。

其次，为适应社会结构的变化特点，对党进行新的定位。社会党普遍通过价值观念的更新、党的组织变革以及执政政策的变化来淡化传统的阶级政治色彩，使社会党成为一个能够为社会不同阶层和群体接受的政党，拓展了社会党的政治空间。

再次，改变传统的高度控制的执政方式，突出社会党的新治理理念。新执政理念突出积极的政府概念，不片面追求政府职能的大小，而是追求政府职能的有效性，将效率和责任引入公共政策的决策机制之中。在治理的结构上，坚持一种结构多元主义的观点，寻求从多维的角度看待公共生活和政治。

最后，在普遍扩大运用市场手段的同时，寻求建立一种新的资本主义效率与公正结合的体制。20世纪90年代以来，欧洲社会党在执政过程中普遍吸取了一些保守主义政党奉行的政策，如强调市场的供方政策和经济的稳定性，加强运用市场机制。

三、欧盟自身的演化：走"第三条道路"

1985年，法国社会党人德洛尔当选为欧盟委员会主席，在他的领导下，欧洲一体化进程开始加速。在这一进程中，德洛尔对标榜新自由主义的欧共体实施了带有社会民主主义性质的改造，以求在自由竞争和社会公正、新自由主义经济学和凯恩斯的国家干预主义之间实现平衡。他认为："没有内部边界的大市场本身不能实现经济政策的三个主要目标：稳定发展、资源的最佳配置和财富的均等分配。因而必须改变欧共体的游戏规则，使其朝着促进经济和社会均衡发展的目标迈进。"①

德洛尔提出了一系列促进欧共体经济和社会均衡发展的计划，1989年4月的《德洛尔报告》正式提出了分三阶段实现的经济货币联盟和社会宪章。社会宪章的内容表明，欧盟在其传统的自由竞争资本主义的基础上，加入了国家干预和社会福利等社会民主主义内容。在80年代中期新自由主义盛行的欧洲，这种明显带有社会民主主义色彩的社会宪章引起了广泛争议，被撒切尔指责为"从后门输入社会主义"②。

尽管欧盟在货币联盟、统一大市场等关键问题上仍以自由市场原则为主导思想，但是公民的欧洲、社会宪章等思想确实体现了左派的价值观念。欧盟从80年代中后期出现的这种带

---

① G.Ross, *Jacques Delors and European Integration*, Oxford: Polity Press, 1995, p.41.

② M.Thatcher, *The Downing Street Years*, London: Harper Collins, 1993, p.721.

有社会民主主义趋向的变革，使欧盟和工党在政治文化上出现了趋同的走向。1994年，布莱尔在波恩演讲时宣称他将努力劝说工党成为一个亲欧政党。① 随着1997年大选的临近，工党考虑到英国公众中普遍存在的欧洲怀疑主义情绪，采取的基本政策是以灵活态度积极参与欧洲事务，保护英国的国家利益，但反对欧盟向超国家的欧洲联邦方向发展。工党终于1997年赢得大选的胜利。

英国工党始于20世纪80年代中期从对欧洲一体化怀有明显敌意转向亲欧政党的历史演变过程，是欧盟、英国和工党本身三个层面的政治、经济、文化等多种因素互动的结果。除传统的国家主权、经济利益、大选考虑等因素外，以意识形态、思维方式为主要内容的政治文化因素在这一进程中起了重要作用。

---

① *Guardian*, 24 October, 1994.

第四章　布莱尔政府的对欧政策及其文化因素

自从工党在 1997 年 5 月上台以后,英国的对外政策中"最根本的变化是英国与欧洲关系的转变"①,英国开始以更积极的姿态参与欧洲事务。但也应看到由于深入骨髓的帝国优越感,以及欧洲一体化本身的复杂性,尽管工党在主流上已经演变为一个在基本立场上亲欧的政党,但在至关重要的问题上,布莱尔政府仍只能采取观望政策,远未实现其大选中提出的要处于欧洲的中心,发挥领导作用的承诺,工党实现其成为欧洲一体化主导力量的目标仍任重而道远。

---

① Robin Cook,"Britain and Europe: A New Start", *The National Interest*, Summer 1999.

文化欧洲的"分"与"合"

第一节 布莱尔政府更趋积极的欧洲政策

纵观布莱尔政府的对欧政策，一方面，根据形势的变化和需要积极地调整对欧政策，如签署《欧洲社会宪章》，通过《阿姆斯特丹条约》，在加入欧元问题上表现出了一定的灵活性，并支持和推动了欧洲防务力量建设。另一方面，仍难以摆脱英国传统对欧方针的影响，反对欧盟朝联邦主义方向发展，反对欧洲防务力量独立于北约，并谋求在欧美之间搞平衡外交。布莱尔政府的对欧政策中既有变也有不变，变的是政策和策略，不变的是基本方针立场，国家利益是决定布莱尔政府对欧政策的根本因素。

一、推动《阿姆斯特丹条约》的通过

布莱尔政府上台后在对欧政策上采取的第一个行动是签署《欧洲社会宪章》，它同时表示愿在政府间谈判中做出让步，接受在欧盟内更多地采用多数表决制、增加欧洲议会的权力和缔结一项新的联盟条约。布莱尔政府的积极姿态受到了布鲁塞尔及欧盟成员国的欢迎，并为欧盟政府间会议最终达成协议创造了条件。1997年6月，欧盟15国首脑聚会荷兰首都阿姆斯特丹，通过了被称为"马约[①]第二"的《阿姆斯特丹条约》

[①] "马约"即1991年欧洲共同体签订的《马斯特里赫特条约》，又称《欧洲联盟条约》。

(以下简称"阿约")。

"阿约"并未能解决政府间会议的一些关键问题,如体制改革问题等,并且条约仍有许多不完善之处。但与"马约"相比,"阿约"有不少新的变化:如提出了建立自由安全与司法安全的新概念,增加了成员国协调就业政策的内容,扩大了特定多数表决制的适用范围,加强了欧盟法院和欧洲议会的作用等。对该条约,英国内虽仍有反对意见,但不足以使其批准遇到麻烦。由于工党在议会拥有多数席位,且大多数工党议员支持"阿约",因而条约得以顺利通过。

但是,布莱尔政府并非毫无选择地在任何问题上对欧盟让步,在某些问题上愿意作体面的妥协,而在另一些问题上则坚定地捍卫英国的利益,如要求改革共同农业政策,进一步完善欧洲单一市场,以及用灵活的劳动力市场的自由企业思想来解决欧洲的失业问题等。在这些问题上,布莱尔政府俨然是撒切尔政府天然的继承者。不仅如此,其对欧政策上的某些积极举动也要打折扣,比如在签署完《欧洲社会宪章》后并不积极地按有关规定制定相应的社会改革措施。

二、在货币联盟问题上政策更趋灵活

货币联盟历来是英国所面临的一个棘手问题,是否加入欧元区在英国不单纯是一个经济问题,更重要的是一个政治问题,英国人对欧元的态度是与其对整个欧洲一体化的怀疑态度相联系的。布莱尔政府上台后,继续坚持工党在大选期间宣布的原则上接受单一货币,但只有当时机成熟时才会考虑加入的

文化欧洲的"分"与"合"

立场。

英国政府现行的欧元政策始自布莱尔上台之初,当时他表示工党政府将积极推动英国加入欧元区的进程,从而最终实现加入欧元区的战略目标。英国政府于1998年确立了英国加入欧元区的程序,即由政府做出欧元区经济状况是否适应英国经济的五项经济评估,在议会通过的前提下交付全民公决,以全民公决的结果为最终判断。经济评估的内容为:第一,英国经济与欧元区各国经济间能否稳步趋向融合;第二,是否具备应付经济动荡的足够灵活性;第三,对英国的投资是否能不受消极影响;第四,对英国金融服务业的影响;第五,是否有利于就业。

1999年1月1日,欧洲经济货币联盟第三阶段目标——欧元启动,欧元的诞生及其流通已经成为欧洲一体化进程中的最重要的里程碑。欧盟成员国都希望英国早些加入欧元区,但几年来,围绕加入欧元区问题,国内意见莫衷一是。英国政府在欧元政策上的基调,也始终恪守原则可行,时机未到的信条。①

2003年6月,英国政府公布了世人瞩目的关于英镑加入欧元的五项经济评估,在此次评估中,除金融服务业外,其余四项均未达标。尽管英国财政大臣布朗声称,英国政府初衷未改,只要加入欧元区的条件成熟,英国政府将按程序最终实现这一目标。但事实上,这次评估结果还是意味着:错过了2002

---

① Gordon Brown, "Statement on Economic and Monetary Union by the Chancellor of the Exchequer", http://www.hm-treasury.gov.uk.

上　篇　"脱欧"还是"回归欧洲"

年欧元头班车的英国再次拒欧元于门外。

英国加入欧元区的具体条件本来是比较成熟的,甚至比一些欧元区国家的情况更优越,更何况英国加入欧元区能够给英国带来的经济政治利益至少比可能带来的损害要少。一个置身于欧洲统一货币之外的欧洲金融中心地位究竟能够维持多久?没有人能够回答这个问题。① 但是,英国选择了继续游离于欧元之外,问题的症结何在?

布莱尔政府在加入欧元区问题上态度谨慎主要受到以下因素的影响。

第一,从经济方面来看,英国经济的健康发展与欧陆经济的缺乏生气形成了鲜明对比,使得加入欧元区对布莱尔政府缺乏吸引力。同时,作为欧元区成员,在财政政策上必须严格遵守"马约"的一系列经济趋同标准,接受由欧洲央行发行的共同货币、统一的货币政策以及超国家的立法和执法机构。英国人担忧,如果原来由议会掌控的货币权利转移到欧洲央行,将导致财政权力向欧洲委员会转移,使英国丧失以贬值货币刺激出口、以增加货币投入缓解经济衰退等竞争手段,从而丧失控制和影响本国经济的能力。

第二,从英国与欧洲关系的复杂性来看,英国与欧洲大陆国家的差异由来已久,甚至可以说,英国从来就不是欧洲的一员。英国人对欧元的态度是与其对整个欧洲一体化的怀疑态度相联系的,英国民众中普遍存在对欧陆的不满情绪,

---

① 江涌:《欧元对伦敦金融地位的影响及英国的对策》,载《欧洲》2001年第4期。

认为英国在世界上相对实力的下降、经济表现的不尽人意，在很大程度上都要归咎于来自欧洲大陆的竞争。在欧洲货币一体化进程中，英国政府之所以会从抵制转向谨慎接受，是与其国力的日渐衰退相伴随的。如果英国与欧洲经济关系不发生根本转变，加强与欧洲的相互依赖，那么，英国加入欧元就是不现实的。

第三，英镑情结与保守的民族性格。英镑曾经主导世界金融体系，在英国人的记忆里能够引起关于大英帝国的一系列骄傲的联想，它对于英国而言绝不仅仅只是货币。虽然英镑从"一战"后随着国力衰退而连续贬值，但英国人很难忘记英镑的辉煌历史，放弃英镑而代之以"二流货币"，在感情上需要克服巨大的障碍。一旦加入，英国的欧洲特性将得到难以逆转且实质性的加强，英镑情结和保守的民族性格加强了英国对欧洲骄傲而又敏感的自我保护心态。由于顾忌怀有强烈欧洲怀疑主义情绪的英国公众，一时难以接受带有超国家色彩的欧元，布莱尔政府在处理货币联盟问题上不得不采取灵活加谨慎的方针。

三、在欧洲防务问题上立场趋于积极

货币联盟与欧洲防务是布莱尔政府在对欧政策上需要妥善处理的两个重要问题，问题处理得好坏直接关系到布莱尔政府的对欧政策能否成功及其在国内的执政地位。在战后以来的绝大部分时间里，英国始终坚决反对在欧洲建立任何与北约相竞争的防务机构。然而在"阿约"生效以后，随着形势的变化，布莱尔政府开始改变策略，对欧洲防务合作的态度趋于积极。布莱尔认识到，在美国孤立主义势力抬头的情况下，如果欧洲国家继续将安全包袱完全甩给美国，结果会适得其反，欧盟只有具备一定的独立行动的能力，才可以在北约内发挥真正的伙伴作用。

1998 年 12 月，英法两国首脑在法国圣马洛的会晤可谓标志性事件，两国首脑会后发表《关于欧洲防务的联合宣言》，对建立欧洲防务做出正式承诺，强调欧盟应该具有解决危机而自主采取行动的军事能力，这一声明对启动欧洲防务进程产生了重要的影响。科索沃危机中和危机后欧洲的无所作为令欧洲人非常尴尬，"欧洲不仅没有自卫能力，甚至不能维持自己的秩序，在一个范围小、实力弱的地区完全独立地进行有效的维和行动"。[①] 2000 年 12 月，尼斯欧盟首脑会议一致通过了《欧洲安全与防务政策的计划》，批准建立了欧洲快速反应部队的常设机构，这标志着欧盟国家在防务问题上已由共同立场向共同行动迈进。

但是，布莱尔政府对欧洲防务态度的转变仍是要打折扣的，其态度的转变基本上是策略性的。首先，布莱尔政府试图凭借英在西欧的军事大国地位，借助一体化防务而争夺欧盟领导权，以确立英国在欧洲的地位。其次，它表面上支持短期内难以真正实现的欧盟共同防务，实则试图通过积极参与来影响欧洲防务建设发展的方向，抑制欧洲联邦主义倾向在防务领域

---

① ［美］布热津斯基：《美国全球战略中的欧洲》，载《战略与管理》2000 年第 3 期。

的渗透。最后，在欧洲快速反应部队性质问题上，布莱尔强调组建中的欧洲快速反应部队不能削弱北约，而只能补充北约的不足。英国与其他欧洲大国的关系不顺，在一定程度上制约了英国在欧盟内的作用。

但凡对战后英国的对欧政策进行研究，便不难发现如下两个特征：第一，基于形势变化和国家利益的需要，总能审时度势对政策做出实用主义的调整，努力使自己不处于过分被动、尴尬的境地。第二，无论是保守党政府还是工党政府，在坚持反对建设联邦主义的欧洲、支持建立一个民族国家联合的欧洲这一总的对欧方针和立场上存在着明显的继承性。布莱尔政府的对欧政策也体现了这两个特征。

第二节　回归欧洲的无奈与必然

从历史上看，英国在欧洲乐于充当欧洲制衡者，而并不视自己为欧洲的一员。英国独特的历史、语言、法律体系以及久远的议会民主传统，使得英国人有一种在感情上与欧洲大陆分离开来的根深蒂固的习性。"二战"结束以来，英国外交经历了无数痛苦的转变，英国早已无力维持过长的外交战线，不得不重新考虑与欧洲的关系，但是又难以摆脱深入骨髓的帝国优越感。因此，英国融入欧洲的过程充满了不和谐音。布莱尔政府的对欧政策也深受这两种因素的制约。

上篇 "脱欧"还是"回归欧洲"

一、现实因素是决定布莱尔政府对欧政策的直接动因

  欧洲是英国生存和发展的主要空间,也是其外交活动的主要舞台。在当今的世界上,像英国这样一个地处欧洲边缘的中等国家,不仅经济上需要倚重欧盟,而且在政治和外交上也不可能离开欧洲而独立发挥作用。随着欧洲一体化进程的迅速发展和世界形势的急剧变化,面对冷战结束后急剧下降的国际地位和众多的国内难题,英国只有更多地采取欧洲解决办法,推动欧洲一体化朝英国希望的方向发展,才是英国唯一现实可行的选择与出路。

  首先,经济因素。对英国回归欧洲起基础和长期作用的是经济因素,英国对欧盟的贸易额一直是对美贸易的三到四倍,英国与欧盟的相互投资上升很快,基本赶上英美之间的投资规模。英国的经济增长和繁荣如果离开欧盟是难以实现的,而以现实和未来的经济潜力,欧盟对英国贸易和金融资本的吸引力将会逐步增加。长期游离于欧元之外已经使英国在欧元区所有事务中的发言权受到一定的限制,尽管目前在现实的经济利益以及感情上还难以接受欧元,但越来越多的英国人承认加入欧元区已是大势所趋,这不仅是英国政治家的共识,也是民众的看法。

  其次,地缘因素。英国以一水之隔,游离于欧陆之外,曾是非常优越的条件,岛国的地理位置给英国带来巨大的经济、外交、军事战略优势。然而时过境迁,英国的地理优势在今天已经不具备传统意义上的战略价值。英国已经不再面对一个破

文化欧洲的"分"与"合"

碎或分裂的欧洲,而是一个经济政治日益一体化的欧洲,欧陆边界的功效已经渐渐改变,日趋统一的欧洲淡化了英国的作用。布莱尔认为,融入欧洲可以"使英国在美国和其他地方得到的成功要比英国脱离欧洲带来更多的好处",更为重要的是,"如果英国在欧洲是强大的,那么它在全世界就更为强大"。①

最后,国际空间。英国的这种回归可以认为是世界体系整体运行的一个必然结果。冷战的结束对于英国的影响虽不易觉察,却深刻而持久。面对日益协调统一的欧洲、领导世界愿望强烈的美国和处于深刻变革中的世界政治,英国进一步失去了发挥传统平衡作用的空间。新一轮的东扩带来欧洲地缘界限重心向东移动,欧陆国家的重要性上升,英国的地位在不自觉中被削弱。在布莱尔看来,英国不再拥有一个帝国,尽管英联邦是其联系世界各地的宝贵纽带,但并不能取代与欧洲各国的关系。欧洲是今天英国可以行使权力和发挥影响的唯一途径,如果英国想要继续在全球发挥重要作用,目前就必须在欧洲扮演一个领导角色,英国必须成为欧洲政治的核心部分。

20世纪90年代以来,随着欧洲一体化进程的迅速发展,英国的欧洲政策面临着越来越严峻的考验。冷战后的欧洲正经历着意义深远的变革和重建,推动以欧盟为核心的欧洲一体化进程,是西欧国家为重建和改组欧洲所做的根本选择。梅杰曾允诺使英国居于欧洲的中心地位,但是由于担心欧洲一体化进

---

① 计秋枫等:《英国文化与外交》,世界知识出版社2002年版,第481页。

程走得过远，危及英国的主权和独立，因而在一些具体问题上采取消极反对的态度，使英国在欧洲陷入空前的孤立状态。

在这一背景下，于1997年5月上台的工党布莱尔政府决定推行更为积极、更富建设性的欧洲政策，为《阿姆斯特丹条约》的诞生做出了贡献，在经货联盟问题上的态度更趋积极明朗，对欧盟的共同安全与防务建设也发挥了重要的作用。布莱尔政府所奉行的这种积极而富有建设性的欧洲政策，超越了传统的主张超脱于一体化进程之外的观点，主张积极介入欧洲进程，推动欧洲一体化朝英国希望的方向发展。这种较为积极的对欧政策，使得英国在欧盟中的地位得到明显提高。

不过，这并不意味着工党政府从根本上改变了英国传统的对欧政策。英国向欧洲的回归实乃时势使然，由此做出21世纪的英国将演变成一个普通欧洲国家的判断是轻率的。多年来，英国政府多在欧洲建设问题上一直反对把建立联邦主义的欧洲作为欧洲联合的目标，而主张建设一个基于独立主权国家联合基础上的松散的欧洲国家联盟。历史的包袱、传统的影响以及对现实利益的考虑，仍然妨碍它在欧洲建设问题上采取更为积极的态度。

二、文化因素对布莱尔政府对欧政策的影响

面对欧洲地缘结构的重大变化，尤其是面对欧洲文化因素对布莱尔欧洲政策的影响日益深化的经济、社会以及政治、安全领域的一体化进程，英国如果不能更多地融入欧洲，就很可能远离欧洲核心，从而不仅失去一体化能够带来的好处，在国

文化欧洲的"分"与"合"

际事务中也将失去应有的依托。不能跨越英吉利海峡,实际上也不能跨越大西洋。

布莱尔担任首相后,多次强调只有通过欧洲英国才能发挥全球性作用。他说:"我们不再拥有一个帝国,尽管英联邦是我们联系世界各地的宝贵纽带,但这不能取代我们与欧洲各国的关系。"① 现实迫使英国不得不靠近欧洲,去争取在欧洲更多的话语权,以通过影响欧洲,进而联结美国和牵动世界。

问题在于布莱尔政府的欧陆政策,深受其曾经取得的辉煌成就以及特有的岛国文化的影响。特定的地理、历史等条件所形成的政治文化和心理状态,使英国人十分看重自己的历史传统,尤其对英国曾经作为一个世界大国曾经拥有的显赫和荣耀,更是难以忘怀。英国人并不认同更深广的政治一体化理想,渴望欧洲政治合作的感情从未构成过英国与欧洲相关政策的推动力。他们担心欧洲一体化的深入发展会使英国丧失民族特性和国家主权,沦为欧洲一个普通的"二流国家"。

从民族心理上来讲,按照英国学者安东尼·迈阿尔的观点,英国人生活中的所有重大问题都可以用一个词来概括——xenophobia(对外国人或外来事务的恐惧症)。虽说这是一个希腊词汇,却在英语词典里找到了自己的精神家园。② 对外国的这种英国式的怀疑由来已久,它形成于英国与外部世界,尤其

---

① [英]托尼·布莱尔:《新英国:我对一个年轻国家的展望》,曹振寰等译,世界知识出版社1998年版,第246页。

② [英]安东尼·迈阿尔:《英国佬》,彭小培译,湖南人民出版社2000年版,第12页。

上　篇　"脱欧"还是"回归欧洲"

是与欧洲大陆绵延数千年的历史纠葛。长期以来,英国对欧战略一直是维持均势,对欧洲具体事务从不介入过深。特别是对以法德主导的欧洲联合一向抱有既戒备、防范,又不甘完全置身事外的复杂心态。英国在过去的半个世纪里同欧盟国家之间的交往可以被描绘成犹豫、疏远和不理解,近年来同其他欧盟国家间的分歧表现得特别明显,与欧洲在对外政策上很难步调一致,显然不利于英国融入欧洲一体化进程中。

英国虽地处欧洲,但多年来在感情和政策上却与大西洋那一头的美国更为接近。冷战结束后随着英国力量和影响的进一步削弱,英美特殊关系实际上已被更为广泛的欧美特殊关系所取代,不过这个昔日的大帝国并不甘心把自己的作用和影响局限于欧洲范围之内。英国自恃与美国关系的特殊,即使开始融入欧洲,仍然以美欧桥梁自居,而与法德存在隔阂。希望借助英美之间尚存的密切的政治经济联系和共同的文化历史传统,谋求在世界上继续发挥超出其实力和分量的作用和影响。英国借助美国的力量来巩固其在欧洲的地位,恰恰是欧洲大陆最反感之处。曾有分析人士指出,布莱尔把英国命运与美国这个几乎总是选择单边主义而又不可预知的超级大国联系在一起,最终将被证明是失算之举。[1]

---

[1] "The US Dragged Us into This Unjust War", *The Independent on Sunday*, April 6, 2003.

文化欧洲的"分"与"合"

第三节　回归欧洲与充当国际角色的前景

英国作为一个欧洲国家，其民族利益和政策重点集中在欧洲，但它绝不甘心把自己的作用和影响局限于欧洲范围之内。英国既要谋求维护和加强英国在欧洲的领导地位，又要同美国建立强有力的关系。希望借助英美特殊关系，"通过影响美国来影响世界"，以实现其具有历史继承性的大国梦，这种大国梦的外交战略目标是英国帝国情结的典型表现。① 这种政策被认为是英国外交的一项重要方针和谋略②，也是其外交定位所始终面临的一种两难选择。

一、布莱尔的"枢纽外交"："三环外交"的延续

布莱尔工党政府自1997年上台执政以来，在外交上表现得十分积极活跃。他认为，英国在帝国后的时期不可能成为军事意义上的超级大国，但是能够使世界感受到英国存在的影响。他不仅采取措施显著地改善了英国同欧盟的关系，迅速结束了英国在欧洲的孤立状态；而且还大力加强英美特殊关系，积极追随美国政府的政策，"9·11"事件之后则全力支持小布

---

① 韩灵：《对9·11事件后英国布莱尔政府"醒目"外交的一点思考》，载《北京理工大学学报（社会科学版）》2003年第1期。
② [法]阿尔弗雷德·格罗塞：《战后欧美关系》，刘其中等译，上海译文出版社1986年版，第395页。

什政府进行的反恐战争；在对俄关系问题上，布莱尔试图扮演一种中间人和探索者的角色，推动北约同俄罗斯改善关系，倡议建立北约—俄罗斯理事会的"20机制"；把英联邦作为推广自由市场经济制度和西方民主价值观的工具和手段，利用英联邦体系推进英国在世界上的利益和影响。

冷战结束后，英国在大西洋两岸乃至世界的地位随着欧洲和世界局势的迅速演变而发生了深刻的变化。2001年9月发生在美国纽约和华盛顿的恐怖袭击事件，对美国造成了巨大的心理震撼和冲击。布莱尔抓住"9·11"事件后突至的机遇，借反恐战争导致的大国关系变化，推出英国外交的新思维，即"枢纽外交"说。布莱尔认为，英国虽然失去了大英帝国，但却重新找到了自己的地位。英国可以利用其历史、地理和语言优势，以及英国与美国、欧盟、英联邦的独特联系，在当今的国际舞台上发挥枢纽作用。反恐战争以来，布莱尔的外交斡旋活动的确在国际舞台上增强和凸显了英国的声音与形象。这让醉心于重振大英帝国昔日辉煌的英国领导人喜不自禁，似乎英国在世界上果真又成为一个广泛的国际力量关系中的轴心，在国际舞台上成功地扮演了某种枢纽的角色。

布莱尔的"枢纽外交"，是不甘心把英国的作用和影响局限在欧洲范围的一种政策应对。英国希望借助英美特殊关系以及通过在欧美之间扮演中间人的角色，重振其大国地位和影响。英美之间的关系如果处理得好，固然可以增加英国在国际舞台上的分量和影响，但若处理不当就可能危及英国同欧盟和欧洲国家的关系。英国会被其他欧洲国家视为美国的特洛伊木马，成为英国进一步融入欧洲的制约因素，布莱尔提出的要使

文化欧洲的"分"与"合"

英国成为欧盟领导性伙伴的目标也难以达到。

布莱尔的"枢纽外交",从总体上看基本上沿袭了丘吉尔的"三环外交"思想,是"三环外交"思想的延续。即借助广泛的国际联系谋求维护和重振英国的大国地位。自"二战"以来,英国历届政府中始终存在一种挥之不去的情绪,息影国际舞台从来就没有被考虑过。从战后初期的丘吉尔政府到当前的布莱尔政府,都能够或多或少、或明或暗看出对这一目标的执着追求。

布莱尔在阐述英国同欧洲、美国、英联邦的关系时曾经说过,"从历史的角度看,英国虽是欧洲列强之一,然而由于它曾拥有一个帝国并在全球发挥作用,这就使其显得与众不同。我们也因此觉得自己独立于欧洲之外。可是,如果我们想要继续在全球发挥重要作用,目前就必须在欧洲扮演领导角色。与大西洋彼岸的关系仍将十分重要——尤其是在安全方面——但美国人已清楚地表示他们想与欧洲而不只是英国建立特殊关系。""因此我所希望领导的工党政府将既着眼于欧洲之内,又放眼于欧洲之外。"① 英国布莱尔政府的外交战略有着一个明确的目标,即尽可能恢复其在国际舞台上曾经有过的王者地位。

但是,由于国内外形势和英国自身力量的发展变化,布莱尔政府所面对的欧洲和世界,与半个世纪前已大不相同。英国当前的实力及其与欧洲、美国和英联邦国家的关系,与昔日相

---

① [英]托尼·布莱尔:《新英国:我对一个年轻国家的展望》,曹振寰等译,世界知识出版社1998年版,第246、250页。

比都发生了根本性的变化。布莱尔赋予当今的英国外交以新的特色和形式。鉴于英国已无可挽回地沦为一个世界"二流国家"、在实力方面已今非昔比的现实，英国政府希望通过思想和文化方面的感染力，如世界语言、文化（包括政治经济体制）遗产及其创新、丰富的外交经验、广泛的国际联系等使英国在国际上产生更大的影响。

二、充当国际角色的优势资源：丰厚的文化遗产

欧洲地缘政治战略结构的变化对英国外交选择产生了深远的影响，逐步回归欧洲可视为英国一种无奈而理性的选择。但是，与此同时，由于仍具备一些独特的资源，英国将不可能放弃发挥国际作用、充当国际角色的机会。今天英国所追求的国际角色是指在当前国际局势的总背景下，英国作为一个中等强国利用自身国际资源影响世界的一种姿态、努力及结果的综合。

英国是一个地处欧洲边缘的中等国家，但它又有别于欧洲大陆国家，它手中握有历史和传统沿袭下来的仍然可观的国际资源。底蕴深厚的外交传统、英联邦的遗产、遍布世界的金融资本以及丰富的外交经验、自由主义经济模式等[1]，凡此种种无一不为英国发挥国际角色提供了历史背景和现实可能。英联邦、英美特殊关系的凝聚力虽然不如从前，但毕竟都还能存在

---

[1] ［法］德尼兹·加亚尔、贝尔纳代特·德尚等：《欧洲史》，蔡鸿滨、桂裕芳译，海南出版社2000年版，第594页。

并维持；尤其是英国的经济、金融、文化等的渗透力超出了人们的想象。

上述现象的存在，至少来自以下几方面原因。

首先，英国的内在条件。"二战"后，英国人渴望帝国复兴却又无可奈何花落去。经过几十年发展的今日，念念不忘大国梦的英国人在经济、政治、意识形态上做了一定的准备。到布莱尔时代，英国经过几十年的发展，臭名昭著的"英国病"已经有一定的好转，在主导经济全球化的过程中也获得了不少利益。尤其是在20世纪90年代西方国家经济普遍衰退的情况下呈现出一枝独秀的稳定增长，似乎为英国人重掌世界主导权的梦想注射了一针强心剂。

其次，英美特殊关系。英国与美国的传统关系及其广袤的海外联系，使得它比任何欧陆国家都有广泛得多的依托。英美特殊关系主要反映了英国借助美国力量实现自己战略需要的愿望。由于英美两国在血缘、文化、历史等方面一直存在着一种特殊的关系，以及英国为维持此关系表现的主动性，使英国成为美国首选的可靠伙伴。

英美关系中有一种历史的惯性在起黏合作用，使得英国与美国的关系实在难以割舍。英美两国之间语言、文化相通，又有历史上的血缘亲情关系，加之密切的现实政治经济联系，使英国较易于对美国施加影响。而英国作为一个欧盟的重要成员国，其政策中的务实传统、均衡思想以及从全球视角看问题的广阔视野，可以为形成统一健全的欧洲选择做出贡献，从而为协调欧美关系发挥某种独特的作用。

上　篇　"脱欧"还是"回归欧洲"

至今，英国还没有找到与美国拉开适当距离的有效办法。到目前为止，英国还摆脱不了这样一种模式：与欧洲的协调一直在加强，但是只要美国一旦发出召唤，英国虽然不一定十分情愿，却总会积极地响应，而与法、德等欧洲核心国家拉开距离。从美国方面来说，在当今世界格局多极化趋势日益发展、西方国家之间矛盾和摩擦上升的情况下，也仍然需要英国的帮助和支持来推行自己的欧洲政策和全球战略。

事态的发展表明，英国是美国最忠实的盟国，英美特殊关系依然是大西洋两岸战略安全关系的一个重要纽带。在危机时刻，特别是亟须军事支持的时候，美国总是首先向英国寻求帮助和支持。一般说来，英国也总是表现得最为积极和热情，自认为它处于一种能够影响大西洋两岸关系发展进程的特殊地位。

最后，历史条件。英国作为旧日的日不落帝国，至今仍余晖犹存。虽然失去了宗主国的地位，但凭借多年政治经济方面的渗透和控制，在这些地区和国家仍具有一定影响力。即使在不属于英联邦的原殖民地和附属国，由于历史原因，英国仍可以对这些地区的事务有一定的发言权。世界上许多热点问题也都是英帝国主义遗留下来的，即使如今日的伊拉克问题，也难以完全排除英国宗主国情结的存在。

另外，英国人有着一贯重视外交的历史传统，其成熟而细腻圆滑的外交技巧使他们在外交实践上往往能够游刃有余，几百年来的事实证明了这一点。高超的外交技巧曾经以强大的实力为依托，为英国带来了许多看得见和看不见的利

文化欧洲的"分"与"合"

益,也提供了广阔的活动天地。在今日的英国外交家和政治家的身上,仍能够看到其深刻的影响力。

自"二战"后,在英国历届政府中始终存在一种挥之不去的情绪,息影国际舞台就没有被认真考虑过,所有的人都认为英国应该,也能够以某种领导者的姿态保持国际参与。从战后初期的丘吉尔政府到布莱尔政府都能够或多或少、或明或暗看出对这一目标的执着追求。丘吉尔设计出"三环外交"策略,指出英国处在"三环"间联结点位置,可以发挥独一无二的作用。撒切尔夫人则直言不讳地说:"维多利亚时代是英国历史上最光辉的时代,维多利亚时代的价值观才是英国的价值观,我今天所做的事,就是力图使英国复兴那个时代的崇高美德和无上荣耀……"[①]。到布莱尔时代,这一目标明确成为:英国未来的角色是要成为一个广泛的国际力量关系中的轴心。这种"大国梦"的外交战略目标是英国"帝国情结"的典型表现。争取做世界大国的外交战略目标与英国政府一贯具有的审时度势的外交传统有机地结合在一起。"二战"后,英国一直一方面注重维持英美特殊关系,另一方面积极参与欧洲事务,力争保持主导地位,并小心翼翼地在美苏(俄)、美欧之间发挥"中间人"的桥梁作用,以作为国势衰竭之时,外交上退中有进的具体策略。

---

① 李云龙、王晓彬等:《走向21世纪的英国》,中原农民出版社1999年版,第28页。

上　篇　"脱欧"还是"回归欧洲"

英国向欧洲的回归和国际角色的发挥有其必然性。① 一方面,在竞争日益尖锐和激烈的世界舞台上,英国的经济实力在短期内要明显提高缺乏现实的可能性;另一方面,当今国际关系中"软力量"的作用越来越明显,而对英国来说这种"软力量"只能是其丰厚的文化遗产。因为,正是这份文化遗产让它能够与当今世界最强大的国家美国维持一种十分特殊的关系。而正是凭借这种特殊关系,英国才有可能以其沦为"二流国家"的实力来继续支撑起世界大国的庞大框架。试问:除了曾经辉煌的历史文化传统,除了拿得起放不下的帝国情结,在未来的世界中英国还能找到更强有力的优势资源吗?

---

① 唐永胜:《回归欧洲与充当"国际角色"——21世纪初英国外交基本取向分析》,载《欧洲》2003年第5期。

第五章　新时期英国政府对欧政策的演变

托尼·布莱尔于2007年6月27日正式向英国女王递交辞呈辞去英国首相职务，布朗接任，入住唐宁街10号。2010年5月12日，布朗宣布将立即向英国女王提出辞职，保守党和自由民主党组建联合政府、卡梅伦出任新首相，结束了三年的执政生涯。2016年6月24日，英国通过民主投票宣布脱离欧盟后，卡梅伦宣布将辞去英国首相职务。2016年7月13日，卡梅伦向女王伊丽莎白二世正式递交辞呈，由内政大臣特雷莎·梅接替他担任英国首相，成为继撒切尔夫人之后英国历史上第二位女首相。

第一节　新时期卡梅伦政府的对欧政策

在欧洲一体化的历史上，英国自始至终都处于一种比较"特殊"的地位。这种特殊性源于多个方面，特别是由于历

上　篇　"脱欧"还是"回归欧洲"

史发展的轨迹不同、特定的政治观念与经济理念，再加上现实利益方面的诉求，使得英国形成了不同于法德等国家的欧洲一体化理念，也使其欧洲政策具有了其他欧洲国家不具备的"特殊性"。

外交，是一个国家国内政治的对外扩伸，它与该国家的历史、文化、民族精神以及国内政治经济的发展是紧密联系在一起的。影响英国政府欧洲政策制定的因素有许多，包括国际国内形势变幻的影响，民族文化、岛国地理形态特性的牵制，国内党派斗争的影响，还有对国家利益的维护，等等。英国政府一贯主张，欧洲一体化应该是加强主权国家之间的进一步合作，而并非将民族国家主权让渡给超国家机构。"二战"后，英国同欧洲大陆国家的关系几经波折，艾德礼工党政府，对于法德发起的欧洲联合运动采取了"袖手旁观"的态度，丘吉尔保守党政府上台后，延续了艾德礼政府的欧洲政策。

受国内外政治经济形势发展的影响，自麦克米伦保守党政府开始，英国前后三次提出了加入欧洲共同体（欧洲经济共同体）的申请，并于1973年1月1日正式成为欧洲共同体中的一员。作为一个有影响力的大国，英国加入欧洲共同体增强了欧洲共同体（欧盟）的经济实力，也提高了欧洲共同体（欧盟）的国际影响力，平衡了成员国之间的力量对比，避免了欧洲一体化的发展为一两个大国所左右的局面，欧洲一体化的发展揭开了新的一页。

英国政府的欧洲政策对于欧洲一体化的发展也产生了诸多不良的影响。为了维护国家利益，英国自加入欧共体后就开始与欧共体进行讨价还价，在最严重的时候，欧共体内部机构的正常运转都受到了影响。随着世界经济的发展，在世界力量格局的对比中，军事力量的作用开始下降，而经济因素在决定一国国际地位方面发挥着越来越重要的作用，20世纪90年代德国统一，英国曾经在欧洲军事上占据的重要地位开始让位于德国的经济力量，英国在欧洲的地位受到了前所未有的强而有力的挑战。

布莱尔工党政府上台执政后，提出了英国要成为"国际关系力量中心"的目标，并指出英国真正的历史地位在于其作为一个主要的全球大国独一无二的能力，虽然英国是一个岛国，但它一直拒绝接受孤立隔绝的做法，而保持全球作用的唯一途径是通过欧盟。丧失英国在欧盟的中心作用，就会丧失英国在国际上发挥重大作用的机会，英国政府对于欧盟的政策立场趋向积极。区域经济一体化的发展顺应了时代的潮流，虽然英国在欧盟中一些具体的问题上依然与其他成员国如法国、德国存在着分歧，对于欧盟未来发展方向也存在着不同的看法，但英国的发展离不开欧盟，而欧盟的发展也需要英国，双方在互相妥协中求得自身利益的维护和发展。

2010年5月，英国大选产生了无多数议会，保守党和自由民主党组建联合政府，由此结束了工党长达13年的执政期。保守党领袖戴维·卡梅伦任首相，自由民主党领袖尼克·克莱格出任副首相，联合政府在英国历史上是少见的，2010年5月大选选举出来的联合政府正是一百多年来的第一次，新联合政府上台后在对欧政策上做出了一些调整。

联合政府在国际金融危机以及欧洲债务危机的大背景下上台，推行有保留的积极对欧政策：虽然联合政府努力加强英欧之间的商贸关系，也清楚造就一个稳定强大的欧元区是英国发展经济的保证，但是另一方面卡梅伦政府反对修改《里斯本条约》，拒绝向欧盟移交更多的国家权力，敦促欧盟削减成员国财政赤字、采取"自救"措施，反对加强经济监督；虽然在利比亚问题上，英国同欧洲主要大国积极协调、密切合作，与欧洲的联系更加紧密，但是这些协调和合作依旧是在双边或多边的框架之下进行，与欧盟的共同外交与防务政策并不十分吻合；虽然卡梅伦政府在对欧政策上也展示出了一定的灵活性，表示将会和欧盟一起应对全球挑战和保持竞争力，关注欧盟的一体化进程。总的说来，在卡梅伦联合政府执政期内，英欧关系得到了一定的发展，但是双方之间仍存在矛盾。

卡梅伦联合政府对欧采取有保留的积极政策：在经济上，出于长远考虑，联合政府保持同债务国家的经济联系，加强同欧洲各国发展商贸关系，阻止主权债务危机的进一步蔓延，促进国家经济复苏。但是对于欧债危机，英国继续处身事外，对欧洲经济与欧元持悲观看法，拒绝加强金融监管，主张债务国的"自救"。在政治上，联合政府和一些欧洲主要国家继续加强双边或多边的合作与协调，如加强同法国的军事合作，在叙利亚和罗马尼亚问题上同欧洲相关国家保持磋商合作，但是这样的合作并不在欧盟的框架内，联合政府在促进欧盟共同外交与共同防务上没有太大的进展。在欧盟的建设上，英国试图做一个积极的成员国，关注欧盟的一体化进程，支持欧盟的扩大。总的说来，英欧之间在大方向上虽然会保持稳定，但是英欧双方更加现实和理性，故而英欧关系维持现状，稳健向前发展，没有发生大幅度的波动。

文化欧洲的"分"与"合"

第二节　英国公投"脱欧"

2013年1月23日,英国首相卡梅伦就英国与欧盟关系前景发表讲话,承诺如果其领导的保守党赢得2015年大选,将在2017年年底前举行"脱欧"公投。卡梅伦之所以提出公投计划,首先是向欧盟要价,其次是为弥合党内裂痕。

2016年6月23日,英国就是否留在欧洲联盟举行全民公投。24日清晨,完整的计票结果出炉,几乎出乎所有人的预料,支持脱欧的票数过半,脱欧派阵营获胜。公投从当地时间23日早7时持续到晚10时结束,全国382个计票点逐个开票。最终计票结果显示,超过1740万投票者支持英国脱离欧盟,约1600万人支持留在欧盟。"脱欧"支持率为51.89%,"留欧"支持率为48.11%。"脱欧"派领军人物、独立党领袖奈杰尔·法拉奇在投票结果明朗后发表演讲,将这天称作英国的"独立日"。

英国首相卡梅伦发表声明称,他将尊重民众的选择,离开欧盟,他本人将辞去英国首相职务,并希望在10月份保守党会议时选出新的党首来代替他。卡梅伦表示,既然英国人民已经明确选择了与他所支持的道路完全不同的道路,他也不再适合担任"掌舵人"。他相信,英国GDP会保持稳定的势头,他将在未来数月内继续参与英国脱欧进程,并前往欧盟商讨脱欧事宜。投票结果出来后,英国外交大臣哈蒙德表示,卡梅伦在公投后将继续担任英国首相。英国外交及联邦事务大臣表示,英国政府的任务是稳定局势并且以最佳的方式满足人民的意愿。欧洲理事会主席图斯克此前曾表示，若是英国公投决定脱离欧盟，英国与欧盟将需要至少 7 年时间，才能完成双方关系未来发展的协商谈判。根据《里斯本条约》第 50 条，欧盟会员国若要脱离欧盟，必须通知欧洲理事会，包括英国商品关税协议、欧盟会员国居民自由移动协议等协议都须在两年内完成。

第三节　英国"脱欧"背后的深层次原因及影响

英国是欧洲联盟的一个特殊的成员国，被誉为欧洲一体化进程这一"牡蛎中的沙粒"。欧洲一体化是起步最早的区域一体化，英国由于其岛国的地理环境的影响和民族发展主要源于欧洲大陆的事实，形成了英国社会对欧洲大陆的若即若离的心态，而英国在近代社会中形成的日不落帝国的神话般的历史又形成了英国对欧洲大陆长期奉行"均势"政策的传统，尊重传统的英国又不愿放弃曾经拥有的荣耀，从而在外交上依赖于"英美特殊关系"，正是基于这样的多元因素，英国在欧洲一体化上的政策长期处于摇摆状态。

英国为什么要"脱欧"？作为岛国，英国长期奉行"光辉独立"政策，身处欧洲，却不认为自己属于欧洲。欧洲一体化进程之初，英国一直抱有阻挠的态度。即使后来加入，英国对欧盟的猜忌和不信任也一直存在，英国保守党内部也有欧洲怀疑派。不仅如此，他们还认为欧盟内部的政策对于欧盟有负面作用，未来一些政策趋势也可能损害到英国的利益。一些英国人认为，英国每年为欧盟会费贡献 80 亿英镑，欧盟规章制度给英国造成的负担多于英国从这个单一市场获得的好处。席卷欧洲的难民潮，进一步加剧了欧盟的经济负担和安全隐患。面对吸引力下降的欧盟，英国终于决定脱离欧盟"单飞"。

英格兰北部和中部工业地区长期经济不振，成为英国经济的"生锈地带"，当地不少民众赞同"脱欧"派限制移民的主张，用公投表示对英国政府的不满；而投票前被认为是"留欧"票仓的苏格兰地区，同样经济增长乏力，投票率较低，削弱了"留欧"派实力。同时，大量移民涌入英国寻求就业机会和社会保障，对英国中下层民众生活造成影响，为"脱欧"派左右民意提供了契机。

英国选择脱欧，必须与欧盟谈判新的关系契约，时间短则两三年，长则七八年。按国际货币组织预计，这将导致英国经济产出不可避免地受到影响。据英国工业联合会估计，到 2020 年，"脱欧"将给英国经济带来 1000 亿英镑（1 英镑约合 9 元人民币）的损失，相当于国内生产总值（GDP）的 5%。著名投资人乔治·索罗斯预计，"脱欧"以后，在英国经济完全稳定之前的大约 5 年时间里，英国每个家庭每年会出现 3000 到 5000 英镑的经济损失。

60 年来，欧盟成员国数量一直不断扩大，这是历史上第一次"做了减法"，且是由英国人自己提出的"脱欧"要求，对欧洲一体化不啻为"重大冲击"。比利时前首相伏思达在德国《焦点》周刊撰文说，英国不仅人口占欧盟总人口的 13%，而且是欧盟第二大经济体，也是欧盟预算可信的纯出资者。没有英国，欧盟的经济实力和国际影响力将会受损。曾经长期报道欧洲事务的英国人保罗·埃姆斯认为，英国退出还可能在欧洲大陆引发"多米诺骨牌效应"，助长许多国家的疑欧势力，加大欧盟进一步分裂及欧洲不稳定的风险。

英国"脱欧"将在短期内给全球金融市场造成动荡，导致投资者抛售股票等风险较大的资产而转向较为安全的国债；英镑对其他货币汇率很可能进一步下跌；作为避险资产的黄金价格可能上涨。公投结果宣布后的全球资产价格走势也印证了这一判断。日本《经济学人》周刊刊文指出，英镑在金融市场上已经渐趋疲弱，"脱欧"或将导致英镑进一步急剧贬值，引发股市暴跌。当然，不仅仅英国，全球股市都会下跌。24日当天，亚太股票及外汇市场震荡剧烈，其中东京股市日经225种股票平均价格指数暴跌7.92%，盘中跌幅更一度接近9%。

此次投票结果意味着欧盟和英国长达43年的"婚姻"宣告结束。而英国自家的"四兄弟"（英格兰、苏格兰、威尔士、北爱尔兰）之间，也出现了裂痕。在英国民众选择脱欧后，苏格兰首席部长斯特金表示，苏格兰认为它的未来是和欧盟一体的。她将举行一次新的公投来决定苏格兰是否退出英国——退出后，苏格兰将以独立国家的身份重新加入欧盟。北爱尔兰最大的民族主义政党新芬党称，他们将会就北爱尔兰独立、爱尔兰统一举行新的投票。

上篇结语

"欧洲",是现代英国政治中最具分裂性的话题。纵观英国与欧盟关系的历史,英国人对欧洲大陆的新制度总是始于不屑一顾,继而瞻前顾后,最终无奈地采纳。这说明,文化传统对英国的欧洲政策产生了极其深远的影响,数个世纪的辉煌在历史、文化、制度、社会生活、民族心理上沉积太多,以致形成无法卸下的一个沉重的包袱,使得多数英国人尤其是政治家思考和决策时无法不受昔日帝国成就的影响。同时,英国外交素以理性见长,当加入一体化进程的必要性逐渐展现出来时,英国人被迫踏上了这条路。①

未来充满着许多不确定因素,即便以21世纪初叶不长的时间尺度来衡量也将是如此。但是无论如何,如果认定英国将在回归欧洲和发挥国际作用之间做出某种倾向性的选择,说服

---

① 钱乘旦、许洁明:《英国通史》,上海社会科学院出版社2002年版,第356页。

力还是不够的，也不符合英国外交的特点。冷战结束以来，国际政治发生了许多重大变化，其中之一是国际关系中非零和游戏越来越难有施展的空间。这一变化具体反映到国家对外政策的选择中，将越来越不利于非此即彼的简单取舍。欧洲核心不可能约束英国与其进行充分一致的协调，而美国也不会愿意承担迫使英国在欧美之间做出抉择而带来的风险。因为在分裂欧洲的同时，也必然分裂了这个西方，甚至英国社会内部也将出现分裂和动荡。在回归欧洲与发挥国际作用之间英国难以做出极端倾向性选择，未来英国将最有可能向一个普通的发达国家继续回落，向欧洲继续回落，但同时也会在内外部资源许可范围内尽可能继续担当其国际角色。

英国人要走出历史传统，走出战后历届英国政府对欧政策的连续性尚需时日。今天的英国需要倒过来，从被迫、狭隘、渐进中走出，这需要现实主义，更需要勇气。如果他们从传统中再找一遍也许会发现，正是凭借敢于走出英伦三岛、敢于面对每个时代现实的勇气，英国人才创造了帝国的业绩。英国是否能成为欧洲制度的积极设计者，而不再是被动的参与者，最终还将取决于当今英国政治家和人民的勇气与智慧。

下　篇　当代欧洲文化认同及其建构
——认识欧洲一体化的一个视角

序 言

　　欧洲一体化是集经济一体化、政治一体化和文化一体化于一身的综合性进程。目前，学术界对欧洲一体化的研究主要集中于经济、政治和外交等方面，缺乏对其文化因素应有的重视。随着欧洲一体化进程不断向纵深发展，其中的文化认同问题越发凸显。本篇正是从这一点出发，探讨欧洲文化认同及其建构与欧洲一体化的互动关系。

　　战后欧洲一体化的发展一直受到国际关系学者们的普遍关注。虽然近几年美国发动的反恐战争暂时转移了人们的视线，但从长远的历史观点来看，欧洲一体化进程必将给国际政治格局带来深刻的变革和影响。国家关系行为体自身是否会发生重组，民族国家是否会退出历史舞台，这些问题似乎是欧洲一体化发展过程及其结果所引发，而又希望以此来给出恰当的答案。

　　随着冷战结束，经济全球化和民族主义浪潮几乎同时在全球范围内爆发。文化问题在经济全球化、地区经济一体化背景下正引起各方面的关注。很多理论研究者注意到，国际秩序的变化与"文化"和"认同"密切相关。文化一般有"整合"和"认同"的功能，"民族国家"形成的过程也是整合文化、共建群体文化意识和价值参照系统的过程，是国内人们对共同体形成"文化认同"的过程。作为政治实体的国家，其力量的凝聚不仅需要资源、体制和权力作为保障，而且更需要精神的整合。因此，这使国际关系学者们重新思考世界事务中"文化"和"认同"的理论地位。其中，建构主义理论的精华便源于对文化和认同要素的研究。

从20世纪50年代欧洲煤钢共同体的成立到21世纪初欧盟的巩固和扩大，经过半个多世纪的发展，欧洲一体化取得了令人瞩目的成就：从最初的6国发展到25国；从最初的煤钢联营到超国家的建立；从共同货币政策、共同外交政策和共同司法政策的合作，再到2004年《欧盟宪法》的制定和通过。国内外的学者对欧洲一体化进程大都从政治、经济、法律等方面进行了研究，以期总结其发展规律，整合各种特点，从而进一步深化和推进欧洲一体化。他们的研究，政治上的分析侧重于一体化的制度构建，以及政治行为体围绕新的制度所采取的行动；经济上的分析侧重于经济行为体的整合、经济制度的重建，以及经济行为体利益最大化的实现；而法律上的分析侧重于一体化各职能部门的运作的规则及相应的合法性前提。但是，欧洲一体化是集经济一体化、政治一体化和文化一体化于一身的综合性进程。从长远来看，文化层面的相互融合问题对欧洲一体化而言更为重要。欧洲一体化始于经济领域，外溢于政治、防务、社会和法律领域，但将终结于文化领域。欧洲各国只有把文化融合在一起,建立一个统一的"文化欧洲",欧洲一体化才算最终实现。可见,随着一体化的不断深化和扩大,文化因素甚至会决定一体化未来发展的方向和结局。政治联盟、经济联盟和文化联盟将构成欧盟发展进程的三个基本层面。它们彼此既属于不同范围,又相互依托,成为一个多层面的统一整体。其中,文化联盟将成为欧盟深入一体化的必然选择,有助于持久地推动欧盟经济政治一体化。

当今,欧洲一体化的发展已经到了关键阶段。欧盟是一个主权国家之上的超国家机构,欧洲一体化既受到欧洲联合思想和成员国共同利益的推动,又受到不同民族国家国家利益的制约。因此,一体化虽然淡化了欧盟成员国之间的经济"边界",但民族文化差异的潜在矛盾却无法消除各国的政治与文化"边界"。随着欧洲一体化的深化和欧盟东扩的进展,基于民族文化差异的矛盾将会进一步凸显,并直接影响成员国对欧盟的立场、欧盟的合作形式和体制结构的态度。为此,欧盟必须承担协调民族文化摩擦和建设欧洲文化的任务。但是,既要构建欧洲共有的欧洲文化认同,又要保留各民族的文化特色,使不同民族的文化相处共融,这是一个非常棘手的问题。这个问题已经引起西方学者的普遍关注。欧盟文化认同的建构不仅事关欧盟的本质及其演变,而且关系到对国际体系结构的影响,可以说,这是一项位于学术前沿和具有开拓性的课题,无论在理论探索还是现实意义方面都有较高的价值。

第一章　文化认同的概念梳理及其理论阐释

文化认同是欧洲一体化理论中的一个重要概念，文化因素已经成为影响和制约欧洲一体化未来发展的重要方面。目前，欧洲一体化的发展迫切要求欧洲各国人民增强对欧洲这一特定地理区域和文化政治实体的认同意识，为接受欧盟经济与政治完全统一的未来奠定心理基础。那么如何建构欧洲的文化认同呢？在回答这个问题之前，我们有必要首先对文化认同的相关概念进行梳理和界定，并对文化认同的理论内涵进行阐释。

第一节　文化认同相关概念的梳理与界定

文化认同的相关概念包含以下三个方面：

一、文化

文化一词，即英文中的"culture"，它的出现是在古罗马时期，其最初形式是"cultura"，本意为农耕和园艺类的物质生产活动，后引申为耕作、培育、教育或发展出来的事物，是与自然存在的事物相对而言。① 长时间以来，人们对文化的理解各不相同。1952 年，美国学者克鲁伯和克拉克洪合著的《文化：关于概念和定义的探讨》一书，收集了 1871—1951 年间对于文化概念的定义 164 种。他们认为，文化"存在于各种内隐和外显的模式中，借助于符号的运用得以学习和传播，并构成人类群体的特殊成就……文化的基本要素是传统思想观念和价值，其中尤以价值观最为重要"。文化的内隐结构由思维方式、价值观念和审美方式构成，其核心是价值观念，它是文化中最一般，也是最持久的东西；文化的外显模式由精神文化、物质文化和制度文化构成，它取决于内隐部分，也是内隐结构的存在和表现方式。②

在西方较早对文化概念进行界定的是 17 世纪德国历史学家萨穆埃尔·普芬道夫，他主要是从精神层面来界定文化，同时又指出了文化作为人类群体产物的社会特征。③ 到 19 世纪末，随着文化人类学的诞生，文化开始意指一种物质上、知识上和精神上的整体生活方式。④ 英国宗教人类学家爱德华·泰

---

① 司马云杰：《文化社会学》，中国社会科学出版社 2001 年版，第 3 页。

② 中国大百科全书《社会学》编委会编著：《中国大百科全书》（社会学卷），中国大百科全书出版社 1991 年版，第 409 页。

③ 张广智、张广勇：《史学，文化中的文化——文化视野中的西方史学》，浙江人民出版社 1990 年版，第 4 页。

④ 韦森：《文化与制序》，上海人民出版社 2003 年版，第 9 页。

勒在《原始文化》中认为，"文化或者文明就其广泛的人种学意义而言，是一个复杂的整体，包括知识、信仰、艺术、道德、法律、风俗及作为社会成员的人所获得的才能和习惯。"①泰勒的文化定义所包含的内容是非常广泛的，但它缺少物质文化的内容。后来美国的一些社会学家、文化学家，如奥格本、亨根斯以及维莱等人，对泰勒的定义进行修正，补充进了"实物"的文化现象。

实际上，文化是一个复合概念，具有广义和狭义之分。广义文化泛指人类社会历史实践过程中所创造的物质财富和精神财富的总和；而狭义文化特指人类社会的意识形态，即关系人类社会生活的思想理论、道德风范、文学艺术、历史政治、哲学宗教和知识教育等等。文化具有多种特性，如符号象征性、结构复合性、类型多样性、成员共享性、阶级性、传递性、兼容性、时代性和地域性等等，但它最根本的特性是民族性。

文化具有民族性，它是潜藏在一个民族的生活方式之下的共同的观念系统。它关涉本民族传统与自尊心的内容，关涉本民族的心理的深层结构。文化的核心是价值观念，体现文化的政治功能。民族文化"就是一个民族关于政治生活的心理学"，"是一个民族在特定时期流行的一套政治态度、信仰和感情。这个政治文化是由本民族的历史和现在社会的经济、政治活动进程所形成的。政治文化影响各个担任政治角色者的行

---

① [美]马文·哈里斯：《文化·人·自然——普通人类学导引》，顾建光、高云霞译，浙江人民出版社1992年版，第136页。

为、他们的政治要求内容和对法律的反应"。① 本书就是从民族文化的政治功能角度，来研究欧洲文化对欧洲一体化的影响和作用。

二、认同

认同（identity）的概念出自社会心理学，具有主观上心理的含义，也有客观上社会的含义。也就是说，所谓"认同"就是具有自我意识的主观条件与社会建构的客观条件，但两者并非截然分开，因为社会结构会影响自我的主观认同，而群体的主观意愿也可能定型成为社会结构的一部分，而主观认同的来源又包含了社会建构的成分。从本源上来看，认同首先意味着一种"同一性"，心理学家理解为一种心理机制，一个人据此有意或者无意地将另一个人或群体的特征归属自己。另一方面，行为体在与"他者"的比较中产生一种自我认知和自我界定。因此，它也是一个识别象征体系，用于界定"自我"特征，以示与"他者"的不同，形成的是一种自我定义和"A 与非 A"的结构。②

认同和建构是分不开的。美国学者威廉·康纳利指出："差异需要认同，认同需要差异……解决对自我认同的怀疑的

---

① ［美］加布里埃尔·A.阿尔蒙德、小 G.宾厄姆·鲍威尔：《比较政治学：体系、过程和政策》，曹沛霖等译，上海译文出版社 1987 年版，第 29 页。

② 转自张旭鹏：《文化认同与欧洲一体化》，载《欧洲研究》2004 年第 4 期，第 67 页。

办法,在于通过建构与自我的对立他者,由此来建构自我认同。"① 当代英国文化学家斯图亚特·霍尔也认为:"认同是通过差异建构的……只有借助与他者的关系,表明某个术语不是什么,明确缺少什么,是什么组成了他的外部,这样一些'积极'层面——只有这样,认同才能被建立起来。"② 法国学者马尔丹进一步提出了"叙事认同"(identity as a narrative)的理论,强调认同是一种特殊的叙事形式,其情节可以被重组、建构,进行新的诠释。作为一种叙事,认同对情节的遴选通常围绕三种关系展开:其一,与过去的关系,即寻求认同的历史根源,确立其合法性,并根据认同的需要对历史事件进行叙事重组。其二,与空间的关系。认同叙事中的空间指的是群体赖以生存和行使权力的地方,认同叙事的目的就是将空间转化为特定群体的专有之地(exclusive turf),排斥异己力量的存在。其三,与文化的关系。对群体来说,文化是一种意义和智力系统,是群体统一的逻辑基础,认同叙事选择先存的(pre-existing)与群体成长密切相关的文化特质进行重构,强调其在文化体系中的首要性,进而建构认同象征。③

认同有个体认同(individual identity)和集体认同(collective identity)之分。如果个体认同回答的是"我是谁"的问

---

① William E.Connolly, *Identity/ Difference: Democratic Negotiations of Political Paradox*, New York: Cornell University Press, 1991, p.x.

② Stuart Hall, *Who Needs Identity? in Stuart Halled*, *Questions of Cultural Identity*, London: Sage, 1996, p.4.

③ Denis-Constant Martin, "The Choice of Identity", *Social Identity*, Vol.1, No.1, 1995, pp.6-8.

下　篇　当代欧洲文化认同及其建构

题,那么集体认同就要回答"我们是谁"。但是,原发性的"自我"和产生于"他者"联系比较基础上的"自我"都是不同阶段的客观存在,回答的都是一个"我是谁"的问题,关键是要确立具体语境下的讨论对象。不同的"他者"和不同语境会影响和产生不同类型的认同。例如,旅居国外的侨民必须认同所在国的制度与文化;同时,他们又保留本国文化的自我认同。这是一种对文化的"双重认同"。

和个人认同一样,集体认同也有两个方面的含义。对内,集体认同属于该共同体的一种成员资格,它表现的是一种精神纽带,成员通过这种纽带产生认同感和归属感,形成一个"想象的共同体";对外,集体认同证明了与我们不同的"他者"的存在,并且与"他者"设立了明确的边界,从而被外界认可为一个统一的整体。①

本书所说的集体认同主要指民族认同。民族认同是现代国际体系中最为基本的一种认同与归属形式,它共有的特征是共同的语言、神话、文化传统、象征符号和共同记忆与历史等,这些特征起到了纽带作用。"民族主义首先是一条政治原则,它认为政治的和民族的单位应该是一致的。"② 在政治上,它体现为民族自决的原则,即一个民族有权利获得一定的领土而建立国家。民族认同促进了民族国家的形成,实现了一定

---

① ［美］本尼迪克特·安德森:《想象的共同体——民族主义的起源与散布》,吴睿人译,上海人民出版社2003年版,第5页。

② ［英］厄内斯特·盖尔纳:《民族与民族主义》,韩红译,中央编译出版社2002年版,第1页。

区域的人们的政治统一和经济发展。但由于民族认同有对内和对外两个因素，对内增强凝聚力，对外以排斥的一面，民族认同这种对外排斥性往往正是国际动乱和阻碍国际合作的根源之一。

三、文化认同

由文化和认同的概念可知，文化和认同是密不可分的，具有本质上的联系。文化与认同常常结合起来形成特定的"文化认同"，成为个人或者集体界定自我、区别他者，加强彼此的同一感以凝聚成拥有共同文化内涵的群体的标志。英国文化理论家雷蒙·威廉斯说过："人们的社会地位和认同是由其所处的文化环境所决定的，也就是说文化具有传递认同信息的功能。"①

和认同一样，文化认同因为人本身所处的环境不同和社会身份的多样性，从而表现出复合型的结构特征。这种结构特征随着社会的发展，社会共同体类型不断增多而变得日益复杂。例如，人类社会早期的家庭、部落和族群是个人和集体文化认同的基本单位。但随着社会的演进，超越血缘纽带的城镇、地区、国家甚至宗教、语言、阶层和阶级等都可以成为人类文化认同的载体。这种复合型的文化认同导致人们选择的多样性。可以拥有一种认同，也可以拥有多种认同，也可以游移于多种认同之间。

---

① M. Shelly, *Aspects of European Cultural Diversity*, London: Routledge, 1995, p.194.

认同是主体对自己身份、角色、地位和关系的一种定位。身份和认同在英语中原是一个词，即 identity。文化认同（culture identity），即文化身份，意指对自身文化身份和地位的一种自觉和把握。在汉语中，"身份"与认同有细微的差别，当我们说"身份"的时候，是对所说对象角色、地位的一种客观描述和指称，而说"认同"的时候则更强调该对象对自身角色、地位、关系的一种自觉认识和肯定。对象有时是个体，有时是群体，但身份和角色只有在一定的社会关系中才存在，因此可以说文化认同是一种共享的经验或体验。文化认同表现在方方面面，如政治、经济、伦理、宗教、语言和观念等，凡同人的活动有关的一切领域几乎都是文化的领域，因而都有个文化认同的问题。"我是谁？我从哪里来，到何处去？""人生命的意义和价值何在？"这些问题既是哲学家千百年来冥思苦想的难题，也困扰着许多善于思考的普通人的心灵。"我知道什么？我应当做什么？我希望什么？"康德关于"人是什么"的三大问题也是文化认同的问题。

第二节 建构主义理论关于文化认同的内涵解读

以亚历山大·温特为代表的建构主义理论从哲学上探究国际政治的本体论，试图从意识对物质的作用角度阐述国际社会的政治现象，强调意识的能动性和观念建构物质的重要意义。温特为建构主义规定了两条基本原则："1. 人类关系的结构主要是由共有观念而不是由物质力量决定的；2. 有目的的行为体身份和利益是由这些共有观念构建而成的,而不是天然固有的。"① 这就区别了现实主义的权力决定论和新自由主义的制度决定论。建构主义不否认物质对国际体系的基础作用,国际结构是由物质力量决定的,但物质力量的意义是观念赋予的,因此,国际关系的权力分配从某种意义上而言也就是一种观念分配。

正因为建构主义强调观念的决定性,所以建构主义主要从精神上解释文化。它认为,文化是指不同国家行为体经过国家间互动而共同构造并认同的国际规范和国际制度,是一种集体知识,即共同观念。其中,集体认同、国际规范和国际制度等概念都属于文化范畴,是建构主义理论的核心概念。集体认同是文化因素在国际关系中发挥建构作用的重要媒介。集体认同的建构是一个不断演变的动态过程,结构变动的核心在于文化观念的变动。温特认为,行为体可以建构一种结构,也可以分解这种结构,新的结构是由完全不同的文化观念构成的。

对于如何建构,建构主义进一步解释道,认同的形成是社会建构的结果,是"基于他人的社会承认之上的一种自我表象,这种自我表象的内容要和其他行为体对该行为体的再表象取得一致性",换言之,个体从"他者"的眼中获知自我的身份,身份"存在于和'他者'的关系之中"。在这一过程中,"自我"和"他者"的界限会逐渐变得模糊起来,并在交界处产生完全的超越而融合,集体认同由此出现。"完全的认同是

---

① [美]亚历山大·温特:《国际政治的社会理论》,秦亚青译,上海人民出版社2001年版,第1页。

很难产生的……但是，认同总是涉及扩展自我的边界使其包含他者。"① 认同跨越行为体的"知识"边界，从自我延伸到"他者"，将他者纳入自我的身份界定中，建立更为广泛的身份共同体、利益同心圆。这种跨越是自我身份社会化的过程，其结果是属于群体的国际集体认同的出现。

建构主义把身份、制度和规范等概念归入文化范畴，是建构文化认同的必要因素。也就是说，建构文化认同可以从建构身份、建构规范和建构制度等三个方面入手。身份不仅反映事物的外部特征，而且透视事物的内在本质。身份是使事物成为该事物的因素，是通过与他物对照并被认可的自我领悟的属性。例如，欧盟不仅要自我认同，还要得到国际社会的认可。因此，身份是由内在结构和外在结构建构而成的，是内外两种观念的共有认知。身份的形成和认知过程是一个社会化过程，行为体首先具有个体身份，在个体身份的基础上。通过行为体的相互作用形成集体身份，集体身份是认同超越个体的延续。

行为体的身份和利益是由社会结构而构建的，是一个硬币的两面，利益依附于身份，没有利益，身份就失去了动机力量；没有身份，利益就失去了寄托。② 可见，建构身份，就要认识和照顾到身份的利益。集体身份可使行为体把"他者"

---

① 转自孙溯源：《集体认同与国际政治——一种文化视角》，载《现代国际关系》2003年第1期，第5页。

② ［美］亚历山大·温特：《国际政治的社会理论》，秦亚青译，上海人民出版社2001年版，第28页。

的利益定义为自我利益的一部分,亦即具有"利他性"。① 因为利益是由行为体的身份建构的,国家在与其他行为体的互动中重塑新的身份,形成国家间新的认同,国家利益也随之改变。当行为体的观念认同与身份定位发生转化时,行为体将重新界定利益追求的类型、目标和程度。观念塑造并影响着国家行为体的认同与利益,观念的变化意味着国家利益的变动。

国家间的互动在一定阶段固化成国际规范,国际规范反过来规定着各国的身份和利益,当国际规范发生变化时,这些国家的认同也会随之变化,利益也将发生相应的转变。规范可以改变行为体的认同,使其拥有新的身份和利益,进而使其行为得以转变。不仅规范对国家的行为具有约束作用,建立在规范基础上的国际制度也对国家行为具有深层次的规制作用。国际制度一旦得以确立,就成为国际社会共享的文化,因此,国际制度不仅有助于确立主权国家之间的认同,约束国家的行为,还可以通过改变国际体系的建构规范和管理规范使国家不再根据现实主义的观念和话语进行思考和行动。怀特认为:"没有成员之间一定程度的文化共同体,国际体系(特别是国际社会)不会形成。"②

---

① [美]亚历山大·温特:《国际政治的社会理论》,秦亚青译,上海人民出版社2001年版,第287—288页。

② 转自孙溯源:《集体认同与国际政治——一种文化视角》,载《现代国际关系》2003年第1期,第6页。

第二章　欧洲文化认同的悖论：
　　　　民族的，还是欧洲的？

　　欧洲一体化的发展和深化是必然趋势。既要创造一种共同体文化，又要保留各民族文化特色，使不同民族文化相处共融，这客观上让欧洲各国面临着两难：文化认同是民族的，还是欧洲的？这里，我们必须首先对欧洲概念进行明确界定，然后深入分析欧洲文化同一和民族文化多样性的根本原因及其表现，并且还要搞清楚文化因素到底会给欧洲一体化带来什么影响。只有这样，或许我们才能为这个问题找到答案。

第一节　欧洲概念界定和欧洲文化内涵

　　欧洲概念和欧洲文化是两个互相关联的问题，在欧洲历史上，这两个问题始终困扰着欧洲各国。如今，欧洲一体化的发展要求给这两个问题及其关系以明确的回答。

文化欧洲的"分"与"合"

一、欧洲大陆的地理特征

欧洲一词作为地理概念早已有之。但起初被当作欧洲领土的面积可能仅限于爱琴海北部地区，后来才把地中海北岸也包括在内。在晚些的时候，俄罗斯地理学家把欧洲的边界延伸到乌拉尔，但这始终是个有争议的问题。①

单从欧洲的自然地理来讲，我们并不能确定欧洲究竟是应该统一还是分裂。欧洲是一块丰富多彩的陆地，有高山、水域、各种动植物，还有经过种种艰难困苦分布各地的不同民族居民。② 狭窄的空间和地理上的分割，以及当地居民对物质需求的种种因素，从而构成了欧洲多元化的地理特征。世世代代生活在不同自然环境和不同地域的民族逐渐演变成不同的民族国家。形状不一、大小不等的地块却导致了国家之间的隔阂，许多自然地形成民族国家的分界线。分布于大西洋或者地中海沿岸的一些国家在不同程度上产生了对大陆的离心倾向，同内地频繁发生冲突。后来的殖民帝国的形成，更使民族差异越来越大，民族冲突日益加剧。

但另一方面，如果从欧洲的纬度和高度上看，欧洲整个地区都面向大海，内地陆地却形成了某种核心。德国地理政治学

---

① ［意］玛利娅·格拉齐娅·梅吉奥妮：《欧洲统一 贤哲之梦：欧洲统一思想史》，陈宝顺、沈亦缘译，世界知识出版社2004年版，第4页。

② ［意］玛利娅·格拉齐娅·梅吉奥妮：《欧洲统一 贤哲之梦：欧洲统一思想史》，陈宝顺、沈亦缘译，世界知识出版社2004年版，第6页。

家拉策尔称这种暂时凝聚在一起的因素为"核心国"。① 这是否可以看作欧洲应该走向一体化的地理因素？这确实是一个很有趣的问题。

二、欧洲概念界定

欧洲的历史告诉我们，欧洲概念不纯粹是一个地理概念，更重要的是一个文化概念。"欧洲"或"欧罗巴"一词，源自希腊神话，13世纪以后开始在欧洲典籍中广泛出现。尽管欧洲人把欧洲视为同一文明体系的地理单元，主张实行欧洲联合却是比较晚的事情，但这种理念是深深植根于古罗马帝国的光荣和基督教的教义之中的。古希腊罗马文化、基督教文化和民主价值观念等构成了欧洲的共同精神纽带。在中世纪，"欧洲"不是指我们现在看到的地图上的"欧洲"范围，而是指与拜占庭—东正教相对立的基督教世界。4世纪罗马帝国的分裂和11世纪希腊东正教与罗马天主教的分裂让人们从文化观念上感悟欧洲的界定，就是说，将西欧和东欧的基督教地区看作是一个统一的宗教文化区域，它不同于拜占庭的斯拉夫东正教文化地区，更不同于伊斯兰世界。这种认识直到今天还存在着。

冷战期间，由于美苏争霸，欧洲概念的界定受到强烈的政治意识形态和经济制度的左右，"铁幕"成为东西欧的一道新

---

① ［意］玛利娅·格拉齐娅·梅吉奥妮：《欧洲统一 贤哲之梦：欧洲统一思想史》，陈宝顺、沈亦缘译，世界知识出版社2004年版，第7页。

的分界线。冷战结束后，左右欧洲界定的社会和政治意识形态逐渐由欧洲文化认同归属意识所取代。在对"欧洲认同"的反思过程中，人们又逐渐回到传统的欧洲界定意识，强调欧洲共同的文化认同归属。冷战结束后这一新的欧洲界定意识，也决定了欧盟东扩的范围和进程。美国学者亨廷顿认为，欧洲的疆界结束于基督教的范围终结、伊斯兰教和东正教的范围开始的地方。"它由北开始，沿着现在的芬兰与俄罗斯的边界以及波罗的海各国与俄罗斯的边界，穿过西白俄罗斯、乌克兰，把东仪天主教的西部与东正教的东部分离开来，接着穿过罗马尼亚的特兰西瓦尼亚，把它的天主教匈牙利人同该国的其他部分分离开来，再沿着斯洛文尼亚和克罗地亚边界同其他共和国分离开来的边界穿过前南斯拉夫。当然，在巴尔干地区，这条界线与奥匈帝国和奥斯曼帝国的历史分界重合。"① 亨廷顿这种欧洲边界的划法是很符合现实的欧洲的。

三、欧洲文化内涵

近年来，欧洲人谈得很多的一个概念是"欧洲文化"。那么，"欧洲文明"与"欧洲文化"的区别究竟何在？这里，我们有必要先搞清楚文化和文明的区别。

文明实际属于一种"大文化"，它的内容包括物质和精神等方面，还表现出某种价值上的判断，所谓世界几大文明都被

---

① ［美］塞缪尔·亨廷顿：《文明的冲突与世界秩序的重建》，周琪译，新华出版社2002年版，第171页。

人们看作人类历史和社会发展过程的宝贵财富。文明的范围往往涉及较广泛的地区，如地中海文明、欧洲文明等。而文化主要指思想、精神、习俗等方面，它的范围较小，一般指某一民族或地方或团体的特性，如"中华文化""日本文化"和"企业文化"等。"欧洲文明"与"欧洲文化"的区别在于：欧洲文明更多地表达了一个总体，是个单数概念；而欧洲文化则强调了多样性的结合，是个复数概念。欧洲在一体化进程中提出"文化欧洲"的口号，"文化欧洲"的概念应当和欧洲文化的概念联系更密切些，它旨在将各成员国的文化以兼收并蓄的方式构成一个整体。当然，在这一过程中，欧洲文明实际上始终是不可否认的重要前提和基础。①

因此，欧洲文化不是单一的，它既是一个拥有共同文化内涵的同一性的文化，又是一个包容了不同民族文化特性的多样性文化。"它是内涵着'认同中有多样性'和'多样性中有认同'的综合概念"，"就其整合性可见其宏观上的同（identity），由此产生'欧洲主义'；就其支脉的分殊性又可见其微观的异（diversity），由此而产生'民族主义'"②。因此，欧洲文化对外是"欧洲主义"，而对内是"民族主义"。可见，欧洲文化认同以欧洲文化为基点，欧洲文化认同的建构必然走多样化与一体化相结合的道路。

---

① 转自马胜利：《欧洲一体化的重要任务》，载《德国研究》1997年第3期，第48—49页。
② 陈乐民、周弘：《欧洲文明的进程》，生活·读书·新知三联书店2003年版，第5页。

四、"欧洲文化差异派"的文化认同解读

欧洲文化差异派所使用的"文化"概念是指广义的"文化",包含一个社会的信念、准则、制度和传统的行为方式以及社会语言等。它研究的重点是民族文化①。他们认为,"个人、群体和民族的身份蕴含于行为、态度和道德习俗,即文化之中"②。民族文化是一个民族确定集体身份认同的基石,是区别于其他民族的文化直觉。它不仅指社会的主体民族,还包括少数民族;不仅指社会的政治文化,还指社会的经济文化。因此,民族文化是一个复杂而差异极大的系统,这个系统的各个要素不是静止的而是变化发展的,是一体化深化的主要障碍。不仅如此,同质的民族文化因几百年来民族国家的合法性和民族认同的确立,扎根于各民族国家政治经济社会法律和政策之中。相对于政治经济的快速演变过程而言,民族文化的变化是非常缓慢的。因此,它成了欧洲一体化的迟滞因素,从不同方面制约和影响欧洲的一体化进程。他们得出的结论是:"民族的差异的存在使得接受一种欧洲的政治模式几乎不可能。"③

---

① 注:本书所说的文化差异主要是民族文化的差异。

② M.Spiering, "National Identity and Europe Unity", in Michael Wintle, *Culture and Identity in Europe: Perceptions of Divergence and Unity in Past and Present*, London: Ashgate Press, 1996, p.114.

③ 转自姚勤华:《民族文化的政治功能——认识欧洲一体化的一个视角》,载《世界民族》2002年第3期,第23页。

下 篇 当代欧洲文化认同及其建构

文化之所以存在差异,在于每一种文化都有自己的特点。民族文化差异,就是因为不同民族对自身民族文化的认同。欧洲文化差异派认为,群体的文化认同是指特定人群中一代又一代人共有的延续意识,是"对本群体的历史上的事件和人物的共享记忆"[①]。群体认同赋予个人群体生活的意识和感觉,如文化符号、历史神话和传统等以满足个人对凝聚力和同情感的需要。反之,社会群体将得到个人对它的信任和忠诚。因此也就加固了群体认同。

民族认同的核心因素是民族文化的核心价值,包括语言、宗教、社会,以及社会家庭、民族历史等。民族文化的差异正是由文化的核心价值造成的,文化的核心价值不同,也可以说是民族的身份不同。身份不同的民族各有不同政治文化制度,当某个文化共同体与一个政治共同体不直接吻合时,这类群体被认为是"他们—群体"(other-groups)。"他们—群体"和"我们—群体"有不同的文化特性,因而易产生误会、反感甚至摩擦与冲突。长久的不信任使"他们—群体"成为"我们—群体"的负面图像,助长了"我们—群体"的排斥异类群体的意愿。[②] 这种彼此不信任的心理无法满足民主政治共同体需要的信任和团结。

---

① Anthony D.Smith,"National Identity and the Idea of European Unity", in Neil Nugent(ed.), *The European Union: Perspectives and The Interpretations*, Dartmouth, Volume I, 1997, p.58.

② 转自姚勤华:《民族文化的政治功能——认识欧洲一体化的一个视角》,载《世界民族》2002年第3期,第24页。

文化欧洲的"分"与"合"

欧洲文化差异派的代表人物莫尼卡·谢利和玛格丽特·温克归纳了文化认同的四层含义：1. 文化认同与地理、文化和历史有关，从社会群体、民族、国家到整个地区都有文化认同。文化认同发展的基础是一定数量的共同文化特征，其中也包含着分离的因素。2. 文化认同依赖于实际的或想象的外部文化威胁，因为每一种文化都有自己的界限，都有自己的价值特征。3. 文化认同至少应有表示自己存在和能自作主张的社会及政治能力。如果缺乏这种能力，其结果通常是完全消失或转变成被动文化。4. 文化认同的正面含义是指出自共同的语言、历史、传统和一系列价值的态度，价值是该文化认同的主要群体——可以是民族也可以是语言群体——所理解的共属的集体情感的组成部分。文化认同的负面含义是指一个群体的一致意味着与另一个群体的不一致，即认同本群体就是不认同他群体。但随着经济一体化和全球化的发展，文化认同的负面含义正经受着挑战，其负面作用在减弱。①

欧洲民族文化的差异性会给政治一体化带来什么样的后果呢？第一，强势民族往往希望按照本民族的文化价值来制定共同体的政治制度，弱势民族为了保护自己的利益便会利用民主制度展开政治斗争。第二，文化差异造成的心理距离使族群之间缺乏足够的相互信任，以致在政治共同体的所有的共决问题上难以互相接受对方为平等的伙伴，它们对此的反应就是改变

---

① M. Shelly, *Aspects of European Cultural Diversity*, London: Routledge, 1995, p.168.

下 篇　当代欧洲文化认同及其建构

体制和结构。第三，文化差异及其引起的文化冲突常被一些别有用心的政治领袖所利用，为了某种政治目的而动员本民族的成员保护本民族的文化和传统，排斥其他民族。

一个民族在感情上不愿放弃自身传统的社会模式和行为方式，这是民族自我意识或民族认同的表现，但这使超国家层次上的共同政策的建立和实行就更加困难。英国人一贯以自己的文化自豪，印有女王头像的英镑体现的是英国的民族文化，所以英国人很难放弃欧洲文化传统而接受欧元。欧盟为自身的发展所做出的政治决定往往会受到相关联的民族国家的抵制。各民族为了自身利益各行其是，那么政治一体化的发展如何进行呢？欧洲文化差异派没有给出具体的答案。

从氏族到部落，从部落到国家，从国家到超国家，人们政治认同的"生存单元"（survival units）越来越大。欧洲学者认为，所谓政治一体化就是"合并原先独立的政治单元，创立新的政治单元"[①]。这种新的政治单元便人为地造就了一种新的"政治边界"，它可能是联邦型，也可能是邦联型。但他们都强调参与民族都有平等的政治权利。既然如此，共同的经历，共同的政治生存单元，共同的集体认同，这些必然促使人们从心理上引发新的共鸣，那可能便是新的文化价值观的诞生。这种新的文化价值观是属于新的政治共同体。反过来，新的文化价值观必然又加快和深化新的政治共同体的一体化，正如民族国家形成之初那样。那些不与我们共享文化

---

① 转自姚勤华：《民族文化的政治功能——认识欧洲一体化的一个视角》，载《世界民族》2002年第3期，第27页。

和历史的人们将被排斥在政治共同体和政治上的"我们—群体"之外。因此,欧盟成员国应该激发本国人民适应和进入一体化进程的热情,鼓舞不同文化群体的合作。这也正体现了建构主义的理论价值。

第二节　欧洲文明同一性分析

在民族国家观念依然强大的今天,能不能建构一种超越国家的欧洲文化认同。要解决这个问题,首先应当从欧洲文明的同一性入手。欧洲一体化的最深刻的根源,就在于欧洲文明的同一性。前欧共体委员会主席雅克·德洛尔先生说过:"欧共体不单单是冷战的产物,因而它肯定不会随着冷战的结束而消亡。它甚至是上个世纪已存在的思想的结晶。"① 欧洲一体化建设发展到今天的前提是欧洲文明的存在。欧洲文明代表了欧洲各民族的同一性,是欧洲各民族人民共同创造的。欧洲统一的观念和欧洲一体化的建设只能建立在欧洲文明的基础上。

一、同一文化渊源

古希腊、罗马文化作为欧洲文化的传统之源,对于现代欧洲以及欧洲统一的重要意义是不言而喻的。"欧洲人一提到希腊,就立刻产生了一种家园之感。"(黑格尔语)诗一般的神

---

① 转自计秋枫:《论欧洲一体化的文化与思想渊源》,载《世界历史》1998年第1期,第20页。

下　篇　当代欧洲文化认同及其建构

话故事,富有传奇色彩的悲喜剧,宣扬英雄人格和自由理念的希腊史诗,独具特色的建筑与雕刻,象征着智慧的哲学,以及贯穿于其中的"人文主义和理性主义精神",这些都是希腊文化的结晶。① 米都利学派的自然观认为,自然是自在的、无限的,人类用智慧通过对于自然规律的理性认识在社会上行事。这种认识促进了科学的发展,导致了古代乃至晚近的欧洲社会理论和法律制度的形成。古希腊的另一派哲学将自然观主观化和绝对化,结果之一是哲学和基督教神学的契合。这种对自然之道的拟人的崇拜与基督教对上帝的崇拜何其相似!

如果说古希腊文化展示给世人的是精神,那么罗马文化展示给后人的则是行动。罗马人继承了希腊精神,并通过武力征服把地中海变成了一个文明的大熔炉。罗马人把希腊精神转换成了罗马的政治统治形式,形成了"罗马法"的原则,并由此制定了一整套的政治和法律制度。

法律的概念最早出现于荷马史诗,表示司法女神或神授审判的"地美士"(Themis)。这种说法长久地影响着希腊人和罗马人关于法律神圣的信念。在古希腊,神赋权力的观念还包含着一种"平衡"的理念。国王有行政权和司法权,人民有立法权;国王可以统治人民,但人民也可以消灭王权。② 不过,当时并没有形成完整的法律制度。

---

① 郑敬高编著:《欧洲文化的奥秘》,上海人民出版社 1999 年版,第 3—15 页。

② [法]孟德斯鸠:《论法的精神》上册,张雁深译,商务印书馆 1987 年版,第 169 页。

文化欧洲的"分"与"合"

现今知道的第一部欧洲成文法是罗马人制定的，罗马人素有法律传统。公元前5世纪，罗马人开始将过去的习惯法汇集整理，将审判、所有权、公法、宗教法等十二个要目篆刻于青铜表上，这就是著名的《十二铜表法》。

罗马法师承希腊传统，也强调平衡。平民可以单独制定法律，国王选举产生，元老院有很大的权力，国王提交人民批准的事务都是预先由元老院讨论过的。这种法律上的平衡观正是当今西方国家法律中权力制衡的起源。

罗马法富有人文精神，它来源于希腊哲学的人文理念。亚里士多德说过，人即使是奴隶，也是活着的工具。罗马法假设"自然"规定了人民必须遵守的规范，也是让人活着有尊严，而不是损害他人。

罗马法是一部"自然法"导向的法律。自然导向规律，导向秩序，也导向平衡。这种理念导致了现代国际法和现代战争法的诞生。各自独立的国家不承认他们服从于一个共同主权或政治领袖，它们好像是受命于"自然法"，在自然的权威下，人类一律平等，国家也是一律平等。另外，罗马法在所有权、商品生产和私有制上的规定也都对现代法律的制定产生了根本上的影响。① 可见，古希腊文明与古罗马文明相互交融，共同造就了欧洲文明的构架。古罗马时期的文化成就使欧洲人难以忘怀，对后世产生不可估量的影响。它不仅成为文艺复兴和启蒙运动的灵感源泉，而且是当代欧洲一体化的坚实的历史

---

① 陈乐民、周弘：《欧洲文明的进程》，生活·读书·新知三联书店2003年版，第25—26页。

基础。随着罗马共和国和罗马帝国的向外扩张,它把同一种文明推广到整个西欧大陆,给其所属地区留下了深深的烙印,无论欧洲的民族和语言如何复杂,每个民族都以大体相同的方式接受了来自同一渊源的文化。随后,"基督教世界"的形成,标志着欧洲完成了从古典文明向基督教文明的过渡,两个文明之间有着巨大的分野,但有一点却是共同的,即它们都使西欧保持了文明的同一性。① 难怪恩格斯说:"没有希腊文化和罗马文化所奠定的基础,就没有现代的欧洲。"②

二、同一宗教信仰

长达两千多年的基督教文化至今仍是欧洲人的精神纽带,欧盟成员国百姓宗教信仰也反映了这一欧洲文化归属。例如:欧盟公民62%信奉罗马天主教,约2亿人;21%信奉新教,约为6700万人;3.2%信奉东正教。这里认同天主教的欧盟成员国有意大利、西班牙、葡萄牙、爱尔兰、比利时和卢森堡;法国有80%以上公民信奉天主教,1.4%信奉新教;而丹麦和英国信奉新教人口占90%以上,只有约10%的公民信奉天主教;德国宗教信仰比例则趋于平衡,天主教和新教各占一半。当然,希腊的东正教是个例外。③

---

① [英] 戴维·J.希尔:《欧洲国际进程中的外交史》第一卷,伦敦朗曼出版社1921年版,第2页。

② [德] 马克思、恩格斯:《马克思恩格斯选集》第三卷,人民出版社1971年版,第220页。

③ 转自王志强:《欧盟东扩的文化基础及其战略意义》,载《德国研究》2003年第2期,第25页。

文化欧洲的"分"与"合"

英国学者克里斯托弗·道森将基督教精神与欧洲意识的产生联系在一起,他认为:"只有当成为基督教世界,欧洲才第一次有了自我意识,认识到自身是一个有着共同道德价值和精神目标的统一体。"① 另一英国学者罗伯特·巴特雷形象地把基督教文化对欧洲的整合称作"欧洲的欧洲化"(the Europeanization of Europe),指出这一过程主要表现在如下三个方面:共同的圣徒崇拜所导致的欧洲人命名方式的一致;欧洲范围的具有同一起源的银币的铸造和教会所颁发的城市特许状的普及;欧洲管理层共有的高等教育背景等。巴特雷强调,"欧洲的欧洲化"是欧洲历史上的一个重要变迁,历经这一过程,"欧洲"才从一个纯粹隐喻的产物形成一个具体的建构——可认同的文化实体。② 基督教为何有如此大的魅力和凝聚力?我们从它的发展史和基本教义中也许能找到答案。

与希腊哲学中的自然理性不同,基督教否定人与自然和谐的人文精神。自然是诱惑,是罪恶;自然诅咒了人,上帝又拯救了人。全能的上帝代替了人类的理性和自然的规律。但另一方面,基督教却没有否定希腊哲学和罗马法中表现出来的平等观念。基督教认为,人由于原罪而平等地受罚,又由于上帝的拯救而使一部分人重获升天的机会。这种教义打破了奴隶和奴隶主的界限,先是以平等博爱来征服底层的市民和奴隶,后以

---

① 转自张旭鹏:《文化认同与欧洲一体化》,载《欧洲研究》2004 年第 4 期,第 73 页。

② 转自张旭鹏:《文化认同与欧洲一体化》,载《欧洲研究》2004 年第 4 期,第 73 页。

下 篇 当代欧洲文化认同及其建构

永生和永福的希望争取了包括奴隶主在内的罗马帝国上层。因此，基督教在罗马社会中迅速传播，并被立为国教。不仅如此，基督教还被罗马皇帝当作铲除割据状态，重新统一帝国的精神工具。①

中世纪是欧洲"基督教世界"的形成的关键时期。其中，查理曼帝国的创建具有最为巨大的影响。查理曼大帝以"罗马人皇帝"为名征服了几乎所有的原西罗马帝国领土，最大限度地统一了西欧政治版图，为中世纪的"基督教世界"确定了基本的界限。这个"基督教世界"的版图可以说就是当代欧洲一体化的深化和欧盟东扩的样板。

欧洲基督教文明中一个重要的思潮是"普世主义"（universalism），这种思潮来自罗马教会维护其在"基督教世界"中精神统治的努力，也来自古罗马帝国经久的魅力。罗马主教在谋求基督教会首领的同时，也寻求建立一个至少在"基督教世界"里一统天下的教会帝国。他们宣称基督教会是上帝之城，其权力来自神授，且超越于世俗统治者的权力之上。11世纪中叶到13世纪中叶的十字军东征（1096—1270），作为西欧国家共同的对外宗教战争，增强了西欧世界的认同感和凝聚力，而罗马教皇身为东征的倡导者和主要组织者，也大大提高了自己在道德和精神上的感召力及其一统的权威，基督教会的权势因此达到了鼎盛。十字军成为统一的象征，是一次真正意义上的联合。

---

① 转自计秋枫：《论欧洲一体化的文化与思想渊源》，载《世界历史》1998年第1期，第21页。

文化欧洲的"分"与"合"

处在全盛期的基督教会不遗余力地宣扬和推广"普世主义",强调基督教世界的统一性和教会权力的普遍性。中世纪最伟大的哲学家和神学家托马斯·阿奎那(1225—1274)在其《神学大全》中仔细论证了教会的普世主义。他声称,世间万物都是有序的,都要达到以"善"为本质的目的;正由于一切事物都希望达到善,它们也就希望达到统一,没有统一就不会有善;"一个事物之存在是由于它是一个事物……事物都尽可能地抵制分离,而一个事物的分离即是源于其内在的缺陷"。将这套理论运用到宗教政治事务上,便自然引申出世间万物都应纳入教会统治模式的理念。阿奎那接着称:"上帝不仅仅是某些特殊存在的原因,而且是整个宇宙存在的原因……正由于一切事物都由上帝创造,故它们也都臣属于上帝的政府","任何事物都不可能逃脱上帝的政府"[①]。

中世纪的普世主义给后世留下了相当大的影响。在中世纪到近代之交欧洲发生巨大变化的进程中,有关欧洲政治体制的重组出现了无数设想,而普世主义则在其中始终占有一席之地,它与现实主义、自然法思想一起构成了中世纪末期的三大思潮。[②] 拿破仑帝国便是普世主义的实践。拿破仑对近代以来欧洲国际体系中的均势格局持全然否定的态度,他声称"我不认为欧洲会有其他大平衡的可能,这种平衡只能是欧洲伟大人

---

① [意] 圣托马斯·阿奎那:《神学大全》,伦敦大英百科全书出版社1980年版,第528—531页。

② [英] 赫德利·布尔:《无政府社会:世界政治秩序研究》,张小明译,世界知识出版社1977年版,第27—28页。

下　篇　当代欧洲文化认同及其建构

民的聚合和联盟",必须"把欧洲的不同民族变成一个共同的民族"。①但是,拿破仑对欧洲政策的模式"遵循了凯撒、戴克里先、查理曼和亚历山大诸帝的传统"②,自认为是在复兴古罗马帝国或查理曼帝国那样的欧洲一统天下。由此可见,将欧洲看作一个整体的中世纪式的普世主义并未因欧洲现实政治的动荡与混乱而绝迹。到1815年年底,几乎所有欧洲国家都加入了神圣同盟,形成近代欧洲历史上第一次最广泛的道义联合神圣罗马帝国,这样一个仿佛是一个由统一神权领导的欧洲政府。

　　由于教会采用拉丁语做弥撒,圣谕用拉丁语发表,欧洲出现了语言统一的趋势。文化经验通过共同的方法和教育网络向欧洲各地传播,这表明欧洲社会精神文明团结的基础已经具备,一个既有欧洲文明特征,又区别于其他文明的各种原始特征和同一性的欧洲在中世纪已经形成。欧洲文明在政治、宗教和文化方面都具有普遍意义。通过对罗马法的深入研究及对教会法规的修改,形成了共同享有的法律财富。从1300年起,航海指南针和航图问世,一幅涉及沿岸国家的政治、文化及其自身形象的欧洲地图也应运而生。欧洲人对宗教一体化的追求演变成了对欧洲统一的信仰。

---

①　[法]皮埃尔·热尔贝:《欧洲统一的历史与现实》,丁一凡等译,中国社会科学出版社1989年版,第13页。
②　[美]H.A.L.费希尔:《波拿巴主义》,伦敦牛津出版社1914年版,第72页。

文化欧洲的"分"与"合"

三、同一欧洲观念

欧洲联合的另一个文化渊源是和平主义思潮。和平主义思潮自古有之,翻开欧洲近代历史画卷,欧洲联合的思想闪烁其中。事实上,倡导欧洲统一的思想家们最直接的愿望也正是追求欧洲的和平。捷克人文主义者夸美纽斯在 1645 年撰写的《向欧洲进言》一书中说:"我们欧洲人应该认为我们都是同一条船上的乘客。"① 1713 年,法国的圣·皮埃尔在《争取欧洲永远和平方案》中最早提出了建立"欧洲邦联"的思想:在订立持久同盟的基础上,把欧洲各国联合起来,组成一个单一的共和国,成立一个欧洲参议院,所有决议案的通过都要遵守三分之二多数的原则,建立一支统一指挥的军队。18 世纪末期,政治上出现了自发的、被普遍接受的联邦模式的超国家思想,以及通过相互协议的方式争取实现欧洲统一的思想。法国让-雅克·卢梭表达的欧洲思想具有深刻的意义。他认为只有通过欧洲共和才能达到欧洲统一,因为君主是不可能接受那些必要的限制措施的,只有解放了的人民才会有智慧。他建议让欧洲在联邦的基础上成为一个"真正的政治实体",文化上他反对不尊重带有民族特征的欧洲主义,各成员国紧密合作,在共同的法律、道德观念和共同的宗教信仰基础上,共同创建一个生气勃勃的现实社会。1800 年,德国哲学家康德在《永久和平论》中公布了一个永久和平计划,主张建立一个由各国

---

① [意]玛利娅·格拉齐娅·梅吉奥妮:《欧洲统一 贤哲之梦:欧洲统一思想史》,陈宝顺、沈亦缘译,世界知识出版社 2004 年版,第 4 页。

下 篇 当代欧洲文化认同及其建构

组成的自由合作社,制定一部完整持久的宪法。1814年,圣西门致力于"重新组织欧洲社会",提出要建立一个议会制的联盟。在1849年的巴黎第三届万国和平大会上,雨果宣布和平运动的中心目标就是促进欧洲统一。雨果在开幕词中提出一个响亮的名词——"欧罗巴合众国",他用诗一般的语言预言:"炮弹和炸药将让位于投票;各民族将普遍使用表决权;一个伟大的拥有主权的立法机构将行使其真正的仲裁,这个机构之于欧洲,就像英国国会之于英国、德意志联邦议会之于德国、法兰西制宪会议之于法国一样!……总有一天,两个巨大的共同体——美利坚合众国和欧罗巴合众国——将跨越海洋携手共进。"①

18世纪末期,德国浪漫派代表人物诺瓦利斯在《基督教界与欧罗巴》一书中主张在基督教的基础上统一欧洲,他认为欧洲和平未来的基础不是政治共和主义,而是"新教会",欧洲和平的保障不是开明君主的均衡政治,而是对共同的宗教观念的承认。他提出"宗教欧洲"概念,认为"只有宗教才能重新激活欧洲并让欧洲人有安全感",在名称上,"或者称呼基督,或者称呼欧洲"。② 德国浪漫派的另一个代表人物小施莱格尔于1802年写了《法兰西之旅》。在书中,他把西方和东方对应和对立起来加以考察,憧憬作为一个整体的西方,认为

---

① Richard Vaughan, *Twentieth-Century Europe: Pathsto Unity*, London: Croom HelmLtd., 1979, p.16.

② [意] 玛利娅·格拉齐娅·梅吉奥妮:《欧洲统一 贤哲之梦:欧洲统一思想史》,陈宝顺、沈亦缘译,世界知识出版社2004年版,第21页。

文化欧洲的"分"与"合"

欧洲人又要融合成为一个民族,又要不失去个体民族的特性,就像中世纪那样。他认为欧洲的核心是德法联盟,"不论是谁,一旦对欧洲的人类现状进行思考,就会有许多理由促使他衷心希望这两个因其精神和道德特性而令人钦佩的民族,有朝一日变成一个民族;或者至少由最亲密的友谊把它们联结,像过去的罗马人尽管政治上崛起,但仍尽其所能地珍视、保护和模仿希腊人富有创造性的聪明才智"。他心目中的欧洲是"作为复数的民族联盟,作为现代诗、哲学和科学的诞生地"。他第一次提出"文化欧洲"概念,认为欧洲是一个文化纲领,欧洲在文化上应该成为一个整体,成为全部艺术和科学的体现,成为"意识的新中心"。①

19世纪最后几年里,欧洲统一的思想经历了巨大的危机。面对民族战争的爆发和新型帝国主义的出现,尼采认为"欧洲统一"只能缓慢地准备、逐步地实现,因为欧洲统一是遥远目标。他批评当时的分裂主义政治,鼓励人们克服小国思想的保守性和目前掩盖了一切弱点的民族主义思想。他预料总有一天,唯一的单一货币势将在欧洲这个唯一强大的国家内部流通。他建议建立一个北美模式的国家联合体,每一个国家就是一个州,各州拥有自己内部的政策和法律,各州享有共同的对外政策,两者相互关联,但互不隶属。② 可见,尼采的思想在

---

① [意] 玛利娅·格拉齐娅·梅吉奥妮:《欧洲统一 贤哲之梦:欧洲统一思想史》,陈宝顺、沈亦缘译,世界知识出版社2004年版,第11页。

② [德] F.尼采:《尼采文集》(19卷本)第7卷,王小川编,桂林漓江出版社1998年版,第206—354页。

下 篇　当代欧洲文化认同及其建构

当时的条件下是富有建设性和挑战性，是民族主义风暴中的一道闪电，意味着欧洲统一之光并未因为民族主义的泛滥而消失。

第一次世界大战结束后，欧洲联合的思想获得了新的动力。1929年，法国外长白里安向德国政府建议组织"欧洲联邦"，并于1930年向欧洲各国政府提交了备忘录，倡议建立欧洲主权国家的联盟。奥地利的库当霍夫·卡莱吉认为欧洲必须保持它的个性，其中最重要的就是共同的欧洲灵魂——基督教的深度，希腊的广阔，日耳曼的高度。在这样的欧洲联邦里，每个公民都是一个优秀的本国的公民，同时又是一个优秀的欧洲人。如同人们热爱自己的父母，他们也能热爱他们的父国与母国——欧洲。库当霍夫断言，欧洲联邦是一个精神的领域，并且不能区分其语言、种族或宗教团体[①]。

纳粹在德国的上台宣告了欧洲联邦计划的破产。第二次世界大战加剧了欧洲衰落的过程。在这场战争中，传统欧洲体系的崩溃已成为不可改变的事实，通常所称的具有重大历史意义的欧洲现已死去，而且无复活希望，往日耀眼的"灯光正在整个欧洲熄灭"。[②]

"二战"后，欧洲民族主义的畸形发展和法西斯的暴力统治促进欧洲人民觉醒，产生了超越国界的共同利益和新的欧洲

---

① 转自张骥：《论欧洲一体化进程中的文化因素的影响》，载《当代世界社会主义问题》2004年第1期，第85页。

② [美]斯塔夫里阿诺斯：《全球通史：1500年以后的世界》，吴象婴、梁赤民译，上海社会科学出版社1996年版，第578页。

文化欧洲的"分"与"合"

观念：欧洲要克服分裂和战争状态，必须以和平方式来实现欧洲利益的融合，实现欧洲的统一。欧洲人努力探求从欧洲出发实现本民族利益的可能性和现实性，欧洲联合的思想在战后初期迅速转化成一场遍及西欧各国的欧洲联合运动。

1946年，英国首相丘吉尔提出："我们必须创建一种欧洲合众国。只有这样，几亿辛劳的人民才能重新获得使生活具有价值的快乐和希望。"1950年，舒曼计划提出："欧洲联邦的第一步是发展经济，煤、钢工业的联营立即为它提供一个共同的基础，并将改变那些长期从事战争武器制造地区的命运。"1951年，欧洲统一之父——让·莫内在设计欧洲煤钢共同体时也强调了欧洲统一的前景。他评价煤钢联营时说："它本身只是一个技术措施，但其共同机构下的新的程序，使人类的思想悄悄地发生了革命。"在阐述了一体化带来的利益和欧共体的远景后，他说："欧洲统一不是一个蓝图，不是一种理论，它是一个已经开始的进程。……人类的本性没有改变，但当国家和人类接受了同一个准则和机构而保证采用它们时，人类相互之间的行为就会改变。这就是文明的进化。"[①] 自由法国的领袖戴高乐也多次谈论欧洲统一的思想，他曾幻想建立包括整个欧洲的大联盟。

在当代，欧洲联合的思想更是欧洲人热衷讨论的话题。其中代表人物是德国哲学家哈贝马斯和法国哲学家德里达。他们两人共同发表了一篇文章《论欧洲的复兴：首先在核心欧洲捍

---

① 李巍、王学玉主编：《欧洲一体化理论与历史文献选读》，山东人民出版社2001年版，第5—20页。

卫一种共同的外交政策》。哈贝马斯和德里达主张欧洲要超越民族国家的范畴，建立一种新的世界格局，即"后民族格局"。另一个德国哲学家阿道夫·穆希格在《新苏黎世报》上发表文章，题为《核心欧洲：论欧洲认同》。在理论纬度上，穆希格认为，欧洲的认同不能证明，只能逐步培养。因此，欧洲在建立认同过程中千万不要人为地给自己设定界限，换言之，欧洲认同必须对"自我"和"他者"、对历史和未来永远保持一种开放状态。而在现实维度上，穆希格拿自己国家"现身说法"，"由于出现了欧洲人都不愿意看到的极端局面，暂时退缩一步是很有必要的，因为就目前格局而言，一种独特的历史意志正在不断打破民族语言的障碍，比如我的祖国。而这才是未来欧洲的核心成就"。

正是以上这些欧洲统一思想为欧洲一体化的发展和深化奠定了深厚的文化基础。可见，欧洲文化认同不仅植根于欧洲古典文明肥沃的温床，还经过中世纪基督教文明及近代欧洲统一思潮的熏陶。这些都极大地激励欧洲人去探索建立新型的欧洲政治体制。

四、同一价值理念

罗马文明5世纪的衰亡到人文主义在15世纪兴起之间，横亘着一段文明被割断的历史，被称为中世纪。一般学者认为中世纪是欧洲的黑暗时期，这种说法现在看来有点不妥。日耳曼民族用武力征服了罗马，而罗马用宗教和文明征服了日耳曼。这两种文明相互影响，相互同化，共同合成了一种新文

文化欧洲的"分"与"合"

明。当中世纪末欧洲人走向世界各地的时候,他们已经有了关于欧洲文明比较明确的定义,看到了欧洲文明和其他文明的区别,并且已经开始有意识地输出自己的文明。这种文明的内容都来自欧洲的封建制,它孕育了欧洲共同的价值理念。接下来的文艺复兴、人文主义、宗教改革、启蒙运动、自然科学和法国革命为欧洲奠定了共同的文化价值和政治价值。

发生在 13—16 世纪的文艺复兴是欧洲范围内的文化复兴,它反对教会神权、解放思想、重振和继承古希腊、古罗马的文化价值和精神财富;形成于文艺复兴之后的人文主义主张以人为中心,强调古希腊思想家提出的民主意识,崇尚理性和科学;16 世纪的宗教改革主张个人直接对上帝负责的信仰自由,并建立了新教;欧洲自然科学的兴起和发展在一定程度上同 18 世纪以思想解放、理性为中心的启蒙运动有着内在联系。由启蒙运动提出的理性自由也成为当今西方价值的基础,如公民参政意识、个人自由、言论自由、宗教信仰自由及法律面前人人平等。这一时期提出的执法、立法和司法三权分立至今仍被看作是西方国家制度的基本原则。这方面法国革命对现代欧洲的发展有着重要影响,它的"人权宣言"同美国"人权宣言"一起成为当今西方人权政策的基本出发点。

近代以来形成的欧洲文化价值构成了欧盟一体化的文化基础。不仅如此,当代的欧盟在发展进程中也十分强调共同的欧洲政治文化价值标准。1954 年,欧共体通过了《欧洲人权公约》。1989 年,发表了《欧洲基本权和基本自由权宣言》,该宣言将人权、民主、法治和个人自由确定为欧洲政治文化价值。1992 年,《马斯特里赫特条约》将"自由、民主、尊重人权、基本权和法治原则"确定为欧盟各成员国遵循的基本价值标准。1997年,《阿姆斯特丹条约》也将这些基本原则看作欧盟东扩界定的框架原则。2000年12月,欧盟尼斯峰会通过的《欧盟基本权宪章》首次以文本形式确定了欧洲政治文化价值;在此基础上,欧盟制宪委员会于2002年年底提交了《欧盟宪法条约草案》,由此欧盟从经济、政治联盟向价值联盟发展迈出了十分重要的一步。①《欧盟基本权宪章》共有54条款,分为7个章节,涉及六个方面的基本权——尊严权、自由权、平等权、社会权、公民权和司法权,可以说汇集了迄今为止分散在《欧盟条约》《欧洲人权公约》《欧洲社会宪章》和《欧盟基本权和基本自由权宣言》的有关条款。人的尊严权方面有生存权,身体和精神不可侵犯权,禁止用刑、奴役;自由权方面有自由保障、尊重私人和家庭生活、保护个人数据、成婚立家权、思想、信仰和宗教自由、言论自由和信息自由、艺术和学术自由、财产自由等,平等权涉及的权利有法律平等,无歧视、文化、宗教和语言多样性、男女平等、儿童权、老人权和残疾人融入社会等;社会权方面有职工企业知情权、劳工调解服务、合适的劳工条件、禁止童工、家庭生活和职业生活保护、社会保障及健康保护等;公民权则包括欧洲议会和地方选举的选举权和被选举权、迁居和居留自由权等;而司法权方

---

① 转自王志强:《欧盟东扩的文化基础及其战略意义》,载《德国研究》2003年第2期,第25页。

面有有效法律保护、辩护权、禁止罪行重判等。① 《欧洲基本权宪章》已经被写进《欧盟宪法》，使之具有宪法法律的约束力，这样，欧盟基本权构成《欧盟宪法》的法律基石，使上述的政治文化价值取向成为欧盟公民恪守的价值标准，由此使欧盟由政治、经济联盟发展成为价值联盟。因此，欧盟不仅是一个经济、政治联盟，同时也是一个价值联盟。政治联盟、经济联盟和价值联盟构成欧盟的三个层面，它们彼此既属不同范围，又互相依承成为一个多层面的统一实体，在这方面价值联盟成为欧盟深入一体化的必然选择，推动欧盟经济、政治一体化。

第三节　欧洲民族文化多样性分析

在欧洲历史上，欧洲主义和民族主义是一对孪生子，分与合似乎是两个永恒的主题。半个世纪以来，尽管欧洲的和平和一体化取得了长足发展，但人们却不会忘记，欧洲千百年来更多的是处在分裂和冲突之中。无数次战争造成了民族和国家之间难以消除的猜疑和仇恨。随着民族国家的建立以及经济和地理等因素的作用，欧洲各国在语言、文学、历史、宗教、政治制度、法律、习俗、观念、生活方式等方面逐步形成了各自的特性。直到今天，人们还自觉或不自觉地把欧洲分为东欧、西

---

① 转自王志强：《欧盟东扩的文化基础及其战略意义》，载《德国研究》2003年第2期，第26页。

欧、南欧、北欧，大国、小国，穷国、富国或天主教国家、新教国家、东正教国家……因此，文化的多样性便成了欧洲的主要特征之一。

一、静态分析：民族文化多样性的客观根源

民族文化多样性有很强的客观性，它的根源主要表现在两个方面：民族国家的形成和民族文化特性的差异。

（一）民族国家的形成

民族国家作为一种政治概念，是欧洲历史的产物，指一个国家基本上由一个民族构成的国家形态，体现了民族从"自然状态"向"政治形态"的转变。14世纪的领地国家是民族国家的最早形态。所谓领地国家是指君主在一国之内享有最高权威，他不再与皇帝和教会分享权力，成为实际上而不是名义上的国家元首。领地国家的崛起，打破了中世纪欧洲作为基督教共同体的大一统的发展模式，使欧洲各国朝民族独立的道路迈进。在经历了多次民族间的战争和协调后，到17世纪40年代战争结束后缔结《威斯特伐利亚和约》时，民族国家已成为欧洲国家间的一种政治共识。①

一般而言，民族国家的形成包括民族构建和国家形成两个要素，两者互相影响、彼此依赖，但仍具有明显的差异。也就是说，国家的形成主要取决于外在环境，尤其是与其他国家或

---

① ［美］汉斯·摩根索：《国际纵横策论》，卢明华等译，上海译文出版社1995年版，第349页。

国家集团的关系,也就是说国家的成立需要得到外在的认同,一旦这一关系确定,一个国家的架构就基本形成。民族的构建则不然,它需要更多内在的文化积淀。伦敦大学政治学教授盖尔纳指出:"当且只当两个人共享同一种文化,而文化意味着一种思想、符号、联系体系以及行为和交流方式,则他们同属一个民族。"① 斯大林曾给出一个内涵更为丰富且更具普遍意义的定义:"民族是人们在历史上所形成的有共同语言、共同地域、共同经济生活以及表现于共同的民族文化特点上的共同心理素质这四个基本特征的稳定的共同体。"② 在这四个基本特征中,除了共同的地域这点外,其他三点都和文化积淀有着密切关系。就语言来说,欧洲各民族的文化与其语言联系密切,每种语言都蕴涵着各族人民特有的精神态度、灵感启示和思想情感。拉丁语在很长时间里曾是欧洲文化的共同工具,但如今欧洲至少使用着十几种民族语言。尽管英语的影响在全世界范围迅速扩大,但它绝对没有汉语在中国、英语在美国那种主导和优势地位。欧洲许多国家和民族的官方人士和民众都拒绝以另一种"官话"取代本民族的语言,因为这便意味着放弃自己的文化。多种语言的存在也会对欧洲一体化和文化欧洲的建设提出严重挑战。

英国著名民族理论学者安东尼·D.史密斯提出了界定民族

---

① Ernest Gellner, *Nations and Nationalism*, Oxford : Basil Blackwell, 1983, p.7.

② 斯大林:《民族问题和列宁主义》,见《斯大林全集》第11卷,曹葆华译,人民出版社1955年版,第286页。

的五维尺度:"各文化群体在自己祖国的领土范围;起源神话的共同性和共同体的历史追忆;统一的共同大众文化的共同联结;生产活动的共同地域分工及在共同地域上全体成员具有可流动性和对资源的拥有权;在共同法律和制度下全体成员拥有统一的法权和义务。"① 这种民族概念的界定更能凸显文化认同在民族形成中的核心作用。突出的是第五点,对共同的法律和制度的强调,体现了文化认同对政治合法性的诉求。

在从民族向民族国家的转变中,文化认同的重要性更加凸显。19世纪中期,在法国大革命的影响下,欧洲爆发了大规模的民族主义政治运动。这次运动以建立民族国家为目的,强调民族利益和民族统一,并结合了自由、民主等理念。意大利和德国的统一是这个时期民族国家发展史上的重大事件。接着,19世纪末到20世纪初,欧洲民族运动的中心开始转向巴尔干半岛,一些弱小民族奋起抗争,相继从奥匈帝国和奥斯曼土耳其帝国中独立出来。一战以后,奥匈帝国和土耳其帝国战败,欧洲的政治版图再次发生巨变,中、东欧在民族自决的原则上建立起一系列新的民族国家。在民族国家的形成过程中,文化认同起着最为关键的作用,民族主义者往往借助民族语言、宣传册子、文学作品、教育政策、大众媒介等文化手段来加强民族意识。② 而民族国家成立后,文化认同更是作为一套

---

① Athony D.Smith, "National Identity and the Idea of European Unity", Internatio-nal Affairs, Vol.68, No.1, 1992, p.62.

② [美]本尼迪克特·安德森:《想象的共同体——民族主义的起源与散布》,吴睿人译,上海人民出版社2003年版,第46—55页。

共享的符号、神话和记忆,在民族领土范围内将所有公民融合成一个文化共同体。

因此,在欧洲各民族和民族国家形成的历史进程中,文化认同已经打上了深刻的民族烙印。各民族对本民族文化特质和文化传统的珍视和坚守影响着人们对超越民族的政治机制的选择。以坚持在欧共体中固守英国特性而著称的撒切尔夫人曾指出,欧共体只有允许维持各成员国的民族特征,才能取得成功。① 与民族主义相比,"欧洲认同"更像是对整个大陆所有民族和各种文化的抽象概括。"欧洲认同"为欧洲居民提供共同的集体记忆,并使之享有共同命运感的文化认同的力量并不强大。不仅如此,某些共同的记忆,如对战争的记忆、被驱逐的记忆和大屠杀的记忆反而增强了民族的认同感。正如安东尼·D.史密斯所说:"对现代欧洲的居民而言,似乎不存在有意义、有效力的,能够将他们联合起来的共同的欧洲神话与象征符号。"②

（二）民族文化特性的差异

欧洲文化的多样性在民族性格和思维方式方面表现得十分明显。法国人浪漫、英国人严肃、德国人严谨、意大利人奔放、瑞士人精细……这些判断似乎已成为世人心目中牢固的模

---

① 转自张旭鹏:《文化认同与欧洲一体化》,载《欧洲研究》2004 年第 4 期,第 71 页。

② [美] 安东尼·D.史密斯:《全球化时代的民族与民族主义》,龚维斌、良警宇译,中央编译出版社 2002 年版,第 163 页。

式，反映了各民族在性格、习俗、举止、服饰等方面都各具特点。它们都热爱和珍视自己的文化和传统，然而，也往往容易倾向于相信自己的文化优于他人的。这种文化沙文主义的影响是根深蒂固的。我们在对欧洲社会文化的了解中不难发现，各国民间都有许多专门讽刺挖苦周围民族的寓言和笑话。甚至两次世界大战的爆发也与这种民族主义教育和宣传有重要关系。法国、德国、英国历来重视在大、中、小学教育中灌输"爱国主义"思想，文学和历史学也往往成为维护本民族利益的工具。因此在很长一个时期里，这些国家的学者和民众对欧洲历史的看法存在诸多不同。他们对同一事件的解释和评价常常相去甚远。直到今天，甚至于在今后较长的历史时期内，我们也不能说这种由民族偏见和狭隘爱国主义造成的隔阂和误解已经并且有可能在欧洲各国中完全消除。这无疑是欧洲一体化发展的文化障碍。要结束这种局面，建设欧洲文化共同体便是具有极为重要的意义，甚至是关键性的选择。

民族国家建立的一个最根本的依据是民族文化的认同。民族文化又是民族特性的最根本体现。由欧洲的发展史可以看出，由于不同的语言、宗教、地域和历史，欧洲的发展一直在多种政治单元中进行，并形成了一系列民族或国家，每个民族或国家都有独特的传统、语言和习惯。欧盟各民族已经形成了不同的生活习惯和思维方式，并由此导致不同的行事传统和民族特性。

法国的天然联系是欧洲大陆，法兰西文化具有明显的"大陆型"特征。启蒙运动时期，法国人高扬理性，主张理性至上，成为时代主题。大革命后的法国消除了一切封建残余，建

文化欧洲的"分"与"合"

立了比较完善的共和民主制度,制定了丰富而严谨的大陆法系。在宗教上属于天主教欧洲。这些使法国人表现出对平等与理性的痴迷和渴望,要与传统彻底决裂和追求民族再生的强烈冲动。法国人一味地强调人民主权和民主,乞求理想的价值世界。因此,与过去传统一刀两断,憎恶保守主义,要求不断革命,处处标新立异,逐渐成为具有共和主义文化传统的法兰西民族性格。① 1965 年,法国对欧共体实行"空椅子政策"以及"勒庞现象",都与他们的民族特性有关。②

德意志民族自古以来就表现出与其他民族不同的特性。当凯撒的军队横扫欧洲时候,日耳曼人却偏安一隅,从未臣服过罗马帝国,这就是希腊文化与之无缘而罗马文化对之影响不大的原因。中世纪后,德国成为神圣罗马帝国的一部分,并处于长期分裂战乱不止的状态。在这独特的历史和强大的外来文化的双重压力下,德意志人迷失于民族自卑感与民族妄自尊大感的交互冲突中。在哲学上,以普鲁士精神为依托,通过黑格尔的理性主义表现出来;在文学艺术上,以浪漫主义表现出来,这种理性主义和浪漫主义结合而生的文化传统,孕育了德国特有的民族性格:荣誉、忠诚、勇敢与绝对服从、冷酷,而对自由民主则表现出极大的冷漠。在他们的民族习性中可以看出存在相互冲突的价值取向:一则提倡理性,维护人的尊严;二则

---

① 张锡昌、周剑卿:《战后法国外交史》,世界知识出版社 1993 年版,第 100—102 页。

② 高毅:《法兰西风格——大革命的政治文化》,浙江人民出版社 1991 年版,第 158—64 页。

注重创造，对未来充满幻想。可以说德意志民族是一个既极其保守，又特别先进，既古老又富有朝气的民族。它的社会制度一直是极端反民主的独裁专制制度，直到"二战"后才在外来强力的推动下走上自由民主的道路。由于德国的特殊历史和民族习性，德国的文化传统逐渐被浪漫主义所左右，因为这种精神是导向国家强盛、满足民族虚荣心的最好形式。这种根植于德国人民精神的浪漫主义思想，很快演化为一种共同体的有机的民族主义理论，如此一来，德国的文化传统和独特历史最终导致了对民族整体的性格、意志和理性主义的无限夸大，为集权专制政体的出现种下了祸根。"二战"后，德国的民族特性受到压抑，甚至发生变形，一切都显得小心翼翼。直到20世纪90年代初冷战结束后，德国的传统民族性格才有所抬头。

英国的不列颠文化是"海洋型"的，它的天然联系首先是英殖民帝国、英联邦和美国，然后才是欧洲大陆。它对其历史上形成的君主制宪情有独钟，对19世纪大英帝国的辉煌充满自豪和怀恋，对过去形成的一切（英语、英镑和以莎士比亚为代表的英国古典文学等）有一种难以割舍的情愫。宗教上属于新教。就英国人言，英国人的现代思维方式是在传统与变革的冲突中形成的，拥有一种对经验极为尊崇的理性主义思维，它有别于对宗教的盲从与迷信，也有别于德国那种过于抽象的形而上学的理性主义与浪漫主义。英国人对于未经经验证实的一切事物，总是以怀疑的态度来看待，都惯于以默然的旁观态度对之，从不轻易地去热烈拥抱某种新理论和新事物。他们都善于对事实进行实事求是的科学分析和观察，对待理性非常审慎，但在处理事实与价值、理想与现实的问题时，更倾向于把

文化欧洲的"分"与"合"

两者分得清清楚楚。英国人把光荣革命确立的立宪政体看成至诚至善的真理,并由此为基点,形成两种政治倾向,即保守主义和激进主义。保守主义是一种稳重守成持久的力量,它并非一味地顽固抵抗变革和进步,而是对变革规模、程度及方式持谨慎和稳重态度。对于激进主义,虽然主张变革,但天生的含有传统主义因素,实质是用一种更古老的传统来否定传统。①

在英国的历史进程中,保守主义和激进主义并非是截然相反的力,而是相互配合、相互控制,慢腾腾地前进,等等看,试着瞧,成为英国人的行事特点。在欧式一体化之前,英国人表现出极大的热情,号召各方联合起来,然而当欧洲真正联合起来的时候,它却以旁观的态度对之,并且在一体化中,时而落下一步。"伦敦的立场是典型英国式的拖延政策。"② 虽然与前任首相相比,英国首相布莱尔更支持欧洲一体化,但他还是决定在2002年举行国会选举前采取观望政策。他领导的政府宣布,做出英镑加入欧元区决定之前,将进行"精心准备",即英镑加入欧元区必须经过"三道关":全民公决、新一届议会投票表决和内阁的同意。即便如此,《欧洲联盟条约》还是引起了激烈的争论,许多人对条约采取了保留态度。

因此,在欧洲一体化进程中,每个国家在门帘上仍然悬挂着民族的威望,在门槛下仍然垫着民族的地位,这是由民

---

① 钱乘旦、陈晓律:《在传统与变革之间——英国文化模式溯源》,浙江人民出版社1991年版,第25页。
② [美]詹姆斯·多尔蒂、小罗伯特·普法尔茨拉夫:《争论中的国际关系理论》,阎学通等译,世界知识出版社2013年版,第565页。

族传统与特性决定的。由此可见，文化传统不同，民族特性不同，在欧洲一体化进程产生的效力也就不同。欧盟通过制定多样性的文化政策，一则有益于各民族结合特性充分发挥自己的优势，二则有利于降低民族主义烈度，以促进欧洲主义的产生。

二、动态分析：一体化进程中民族文化的反作用力

欧洲民族文化多样性不仅有根本的客观的静态原因，还有在欧洲一体化进程中逐渐呈现的动态原因。在欧洲文化的框架下，文化认同问题可以表现为民族国家认同、地区认同、欧洲认同等三种形式，本书主要讨论的是民族国家认同和欧洲认同这两种形式。在全球化的大背景下和欧洲一体化发展的具体环境中，传统的民族国家认同面临考验。"由于在欧盟区域内不再有任何一个层次是最重要的、可以依靠的，由于存在一套权力上相互交叉的各类机构，以至那些最接近于理想形式的民族国家也不能像以往那样总是选择国家政权作为靠山。"[①] 随着欧洲一体化发展的加深，传统的"nation-state"有分离的趋向，属于"state"的经济、政治主权被让渡到超国家组织欧盟，这就意味着民族国家政权功能的逐步削弱。但与此相反，在"state"的经济、政治组织意义减弱的同时，"nation"的文化社会意义得到了加强。文化正愈来愈多地被用来充当反对一体化的理由。欧洲一体化，如同现代化过程一样，带来的是民

[①] 转自王昱：《论当代欧洲一体化进程中的文化认同问题》，载《国际观察》2000年第6期，第50页。

文化欧洲的"分"与"合"

族意识的觉醒。一个民族对国内现实利益的考虑和该国民族融合的程度,决定着究竟是利用文化认同问题争取民族的独立、建国(如前南地区),还是利用其争取更多的自治,谋求更多的经济利益。可见,欧洲文化认同问题对欧洲一体化的发展来说,是一个很矛盾又非常棘手的问题。

文化认同与抵制在欧洲一体化的格局中,德法英意等大国凭借着自己的经济实力总是处在优先的位置上,弱势国家的公民在这种欧洲一体化过程中接受来自强国的价值观念时,都会出现十分矛盾的心态:经济实力明显处于弱势,使得弱势国家的国民在内心不得不承认来自强势国家经济文化价值的优先地位,但是他们自己的文化身份又使他们在认可这些代表强势经济的文化时本能地进行抵制。

20世纪50年代中后期,欧共体的基本形式逐渐成熟起来,西欧各国经济得到了较快的发展,人民生活有了很大的提高,综合国力也得到了增强。在这样的条件下,欧洲各国开始用本国的文化来维护和加强在欧共体内的利益。文化作为一种软权力,具有整合和认同功能,一则可以凝聚本国的精神力量,二则通过文化的扩散和吸引力让该国实现一定的目标,这对国家实力的增强和在国际舞台实现国家目标所起的作用越来越明显。[①] 因此,欧盟各国纷纷制定自己的文化政策,来追求本国利益的最大化。

以法国为例,法国以欧洲"文化中心"自居,力图保持

---

① 王沪宁:《作为国家实力的文化:软权力》,载《复旦学报》1993年第3期,第92—93页。

下　篇　当代欧洲文化认同及其建构

其文化大国的地位。1959年,法国首先把文化事务集于一个部,同时出台了正式的国家文化政策。法国把发展文化设施和保护历史文化遗产作为大众文化政策的核心,先后出台了《保护及修复历史遗迹法》（1962、1967)、《故迹保护法》(1967)、《图书单一价格法》（1981)、《著作法》和《电视台法》(1986),以及保护法语的《杜蓬法》(1994)等文化政策。法国前文化部部长杜斯特·布拉齐在1996年7月的演讲中说,"文化与通讯部应努力使每个公民都能平等地接触文艺作品,把享受文化的权利当成一种公民意识来培养,把普及文化当成一种社会工程来完成。"法国将文化活动、资金和设施分散到全国各地,以促进不同地区的文化均衡发展,提出三个平衡,即巴黎与外省的平衡,城市与乡村的平衡,市区与郊区的平衡。在国际上,法国一向反对好莱坞文化的入侵,坚持本国的电视文化节目应有一个最低保障。①

再以德国为例,德国也制定了相应的文化政策。"二战"后,由于德国是联邦体制,对文化实行非集中管理。内政部设文化司,各州设有文化厅,处于分裂状态的东、西德16个州各有自己的一套文化政策和建设计划。但在德国统一后,德国制定了统一的国家文化政策,在文化方面要求各州统一行动,以维护自己的国家利益。②

---

①　[美]詹姆斯·多尔蒂、小罗伯特·普法尔茨拉夫:《争论中的国际关系理论》,阎学通等译,世界知识出版社2013年版,第513页。

②　严昭柱:《法德两国民族文化的建设和保护》,载《学习·研究·参考》2001年第2期,第56—57页。

文化欧洲的"分"与"合"

欧盟各国纷纷制定自己的文化政策，来保护自己的国家利益，是得到本国广大人民广泛支持的，是有一定的群众基础的，因此，它是民族国家的集体参与。这不仅加深了民族国家之间的文化差异，也必然为欧洲一体化带来负面的影响。例如，2002年初欧元正式启动时，英国曾许诺英国将于2003年加入欧元区。然而，2003年过半的时候，英国财政大臣国议会下院讲话时却宣布：虽然加入欧洲单一货币可能对英国有好处，但在英国经济和欧元区12国的经济更紧密地融合在一起之前，英国不会放弃英镑和便士。这件事表面是英镑与欧元的关系，实际上，它反映英国对欧洲一体化的态度，在不同程度上映射出了英国的一种"非欧洲性"，在它的背后有着英国的很厚重的政治文化和民族心理，是对自己过去的留恋与对自我的爱惜。另一方面，从政治文化方面说，英国在欧洲一体化进程中的"保留"和"慢热"状态是其崇尚渐进式改良的反映。

三、外在因素：移民和东扩带来的文化冲击

民族国家的形成和民族文化特性的差异，是欧洲民族文化多样性的内在原因；但欧洲的历史告诉我们，欧洲民族文化多样性还有其外在因素，其中最主要的是移民和东扩。

（一）移民

从历史学的角度来看，我们完全可以说，欧洲的文明正是通过跨越国界的移民浪潮得以广泛传播的，从而使移民成为欧洲各国社会生活的基本组成部分。自第二次世界大战结束以

下　篇　当代欧洲文化认同及其建构

来，特别是20世纪60年代以来，大量移民涌入欧洲，特别是西欧国家，传统意义上的欧洲民族国家越来越多地成为移民对象国。今天的欧洲联盟及各成员国越来越紧密关注移民问题。移民的大量涌入刺激了经济和社会的发展，但也面临着移民的社会整合和一体化中如何处理移民带来的社会问题。是要求移民适应"主流文化"，还是保持开放的"多元文化"，这个问题在欧盟成员国中始终存在争论。

　　针对这一问题，尽管各成员国内有许多不同的争论，但大致可以归结为如下两种不同的观点。一种观点认为，在民族国家依然占主要地位的今天，移民必须确立新的"认同感"，必须适应所居住国家的"主流文化"并融入所在的社会，从而完成一体化的任务。另一种观点认为，随着全球一体化时代的到来和欧洲一体化进程的加深，欧洲民族国家的观念和意识将逐渐淡漠，因而，拥有像美国一样的多文化的社会，将是欧洲联盟各成员国的发展目标和趋势。从欧盟各成员国的情况来看，社会大众层面倾向于第一种观点，而社会上层更倾向于第二种观点。

　　在以德意志民族为核心的德国8200万人口中，有9%即740万人是外国人；以法兰西民族为自豪的法国总人口6100万人中，外国人是430万人；而在一向被称为向世界开放、宽容对外国人政策成功的典范的瑞典，有170万"有外国背景的人"（即外国移民和他们的孩子），占其总人口880万的19.3%。[①] 由于文化背景的差异、文化水平高低的不同、不同

[①] 宋全成：《移民政策中的国家主权转让与欧洲一体化》，人民出版社2000年版，第50页。

· 145 ·

的移民政策,使得大量移民的存在、外来移民社会整合的较低程度,对欧洲联盟各成员国的社会就业、社会福利政策、社会安全与控制及各成员国的旧有移民政策,甚至国家主权提出了严峻的挑战。由此,引发了一系列社会问题,特别是针对外国移民的新民族主义——种族主义(新纳粹主义)及其政党,在西欧社会和政治舞台上重新崛起,引起了欧洲联盟各成员国政府和欧洲联盟层面上的广泛关注。能否解决好移民问题,已经成为各成员国政府所面临的重要问题,也是欧洲一体化能否健康发展的关键问题之一。各个民族文化本身存在差异,而这些差异又被基于政治、经济的考虑放大。有的学者指出,当前欧洲一体化中所出现的排外浪潮,实际上"是中世纪围绕基督教而展开的欧洲联合努力的一种历史延续——那是一种不容忍他者的宗教边界——将非教徒、异教徒和异端者排除在外"[①]。可见,欧洲各国将如何对待移民问题,不仅涉及是否允许移民,而且关系到欧洲一体化进程和文化融合问题。

(二) 东扩

欧盟从最初的 6 国发展到今天的 25 国,经过了 6 次扩张。1951 年 4 月 18 日,法国、联邦德国、意大利、比利时、荷兰与卢森堡 6 国在巴黎签署了《欧洲煤钢共同体条约》,欧洲一体化迈出具有划时代意义的实质性第一步。1973 年 1 月 1 日,欧共体第一次扩张:英国、爱尔兰与丹麦加入。1976 年 1 月 1

---

① 转自王昱:《论当代欧洲一体化进程中的文化认同问题》,载《国际观察》2000 年第 6 期,第 51 页。

日,欧共体第二次扩张:希腊加入。1986年1月1日,欧共同体第三次扩张:西班牙与葡萄牙加入。1990年10月3日,欧共同体第四次扩张:联邦德国与民主德国统一,原民主德国领土纳入三大共同体的领域范围。1995年1月1日,欧共同体第五次扩张:瑞典、芬兰与奥地利加入。2004年5月,欧共同体第六次扩张:马耳他、塞浦路斯、波兰、匈牙利、捷克、斯洛伐克、斯洛文尼亚、爱沙尼亚、拉脱维亚、立陶宛加入欧盟。

近年来欧盟的东扩计划与以往扩展不同,除政治、经济和安全因素外,欧盟东扩在一定程度上也受到文化因素的制约。从20世纪80年代后期起,东欧各国纷纷摒弃既有制度和意识形态并按照西欧的价值观念、民主政治和市场经济模式重构自己的精神生活和政治经济社会制度。人们强调"欧洲文化认同"和"欧洲认同",与此同时,他们提出"回归欧洲"的口号,积极要求加入欧洲组织,重新成为欧洲的一部分。[①] 他们认为,与欧洲各国拥有共同基督教文化和价值观念,加入欧盟既可以为其民主化进程提供新的动力,又有利于促进其民族心理大转变。与政治和经济因素相比,社会心理因素或许是最重要的:回归欧洲等于加入西方文明,回归欧洲也等于还原"欧洲人"。因此,加入欧盟"是这些国家在寻求它们属于西方的证言"[②]。出于地缘政治、经济、安全和文化的考虑,欧盟也

---

① 转自马风书、任娜:《欧洲一体化:一种文化的解读》,载《现代国际关系》2003年第9期,第32页。

② 朱晓中:《双东扩的政治学——北约和欧盟扩大及其对欧洲观念的影响》,载《俄罗斯中亚东欧研究》2003年第2期,第32页。

文化欧洲的"分"与"合"

将东扩视为欧洲一体化进一步发展的重要步骤。但是,不可否认,欧盟的东扩加深了欧洲民族文化的多样性和复杂性。仍然笼罩在人们心间的冷战时的意识形态的阴影;中东欧国家民主价值观念的不成熟,这些都成为欧洲一体化发展的重重障碍。

通过对欧洲民族文化多样性的分析,可以看出,随着欧洲一体化的进一步深化和扩大,欧盟内部的文化影响将会越来越突出,文化之争也会越来越激烈。一方面,一体化向政治安全领域的扩散和外溢将直接触及欧盟各成员国国家主权的核心和最敏感的部位,从而刺激各国内部民族主义的神经,这势必会引起民族主义甚至极端民族主义的反弹。另一方面,每吸收一些新成员,就意味着增加了"共同体"多样性,也意味着为不同文化之间的协调和融合增添了些困难。在这种情况下,要处理好欧盟共同利益和各民族国家利益的关系以及新成员国之间的利益关系,将更加困难。近年来,欧盟几个主要成员国公众对欧盟扩大的支持率都有不同程度的下降,这也意味着欧洲一体化的阻力越来越大。① 然而,欧洲一体化的趋势已不可逆转,共同的利益将使欧洲各国在共同文化的基础上更紧密地集合在一起。

---

① 朱晓中:《双东扩的政治学——北约和欧盟扩大及其对欧洲观念的影响》,载《俄罗斯中亚东欧研究》2003 年第 2 期,第 33 页。

第四节 文化因素对欧洲一体化的影响

不可否认，欧洲文明的同一性和欧洲民族文化的多样性都是客观存在。关键是，这种互为相悖的文化因素会给欧洲一体化带来什么样的影响呢？文化的本质特性决定了文化因素相对于经济、政治、军事等因素而言是较为隐性的。随着欧洲一体化不断深入发展，文化因素在欧盟内外政策中越来越成为重要的变量。可以说，欧洲一体化的每一步发展都受到了欧洲文化的影响，包含了丰富的文化内涵。

在欧洲一体化的发展过程中，文化因素主要从三个方面对其产生了重大的影响。

一、对一体化发展模式的影响

在欧洲一体化发展进程中，主张加强欧洲超国家性质的联邦主义和坚守主权国家间合作的邦联主义是两种最有影响又长期争执不下的指导思想。邦联主义和联邦主义的争论实际上始终影响和塑造着欧盟的发展过程。尽管有时邦联主义声音占上风，有时联邦主义占上风，但总体上看，这两种声音几乎始终同时存在。每当欧盟的发展进入关键时期，这种争执就格外引人注目。2000年5月，德国外长菲舍尔提出应最终建立一个"欧洲联邦"，再次引发欧盟及其成员国围绕欧洲前途的大辩论。对此，英、法、德三大国纷纷提出了自己的意向。英国倡

文化欧洲的"分"与"合"

导松散的联合,继续强调国家主权的独立,反对强化超国家体制,主张欧洲一体化必须控制在有限的范围内。这种立场基本上仍是邦联主义取向。德国则主张全面推进欧洲一体化,希望按照类似德国的联邦模式塑造欧盟体制,强化欧盟超国家机构的权力,使其拥有核心主权,借此德国可以在未来的欧洲建设中发挥更强有力的作用。德国的立场显示出典型的联邦主义倾向。而法国则力主建立所谓"民族国家联邦",既强调保持各国民族特性和维护国家主权,反对建立超国家性的欧洲政府,也表示支持推进欧洲一体化,有限度地加强一体化机构的职能。这与戴高乐强调以民族国家为基石的"主权国家的欧洲联合"的主张可以说一脉相承。因此,法国所持基本上是英、德之间的一种折中立场,可称其为"半联邦—半邦联主义"。这种折中倾向可能更易于为绝大多数成员国理解和支持。以笔者之见,不管欧盟在近期内被称作什么,形成一个完全联邦化的欧洲合众国的可能性不大,欧盟仍将是介于联邦和邦联之间的一个非常独特的国际组织,或者顶多是一个具有准联邦性质的国家联盟。换言之,无论欧盟超国家主义的倾向如何发展,体现一种松散联盟性质的邦联因素,与联邦主义相对的邦联主义,必将继续影响和塑造欧洲一体化进程。

争论这两种一体化发展模式的根本原因是欧洲文明的同一性和欧洲民族文化多样性的相悖存在。欧洲文化始终处在一种"双重自性"的结构中。欧洲文明的同一性决定了欧洲统一的"欧洲自性";欧洲民族文化的多样性决定了民族利益至上的

"民族自性"。① 这两种"自性"之间是一种此消彼长的关系,"民族自性"的膨胀必然导致"欧洲自性"的萎缩,"民族自性"强调国家主权和民族利益的至高无上和不可侵犯,不承认国家之上的任何权威,它使各主权国家很难完全融为一体。与此相反,"欧洲自性"的膨胀必然导致"民族自性"的萎缩,"欧洲自性"以欧洲的联合和统一为目标,这就要求各民族国家利益作为欧洲整体利益的组成部分对后者只能服从不能超越,国家主权因而必须在较大程度上让渡给欧洲共同体。因而,当"民族自性"成为主导欧洲文化时,欧洲就会陷入分裂和混乱;而在"欧洲自性"主导欧洲文化的情况下欧洲便会走向联合甚至一体化的道路。由于民族和主权观念的根深蒂固,长期以来,"民族自性"一直是欧洲各国制定对外政策的主导因素,这就使以损害和削弱各国主权为主要内容的"联邦主义"一体化思想在实践中一再遭到拒绝。以个别领域的一体化为起点的"功能主义"和以松散联合为特征的"邦联主义"似乎更切合欧洲实际。欧洲文化上述特点还决定了欧洲一体化只能采取渐进的、功能外溢的模式,只能从经济一体化的不断发展中导出其他领域的一体化。②

---

① 转自马风书、任娜:《欧洲一体化:一种文化的解读》,载《现代国际关系》2003 年第 9 期,第 29 页。
② 转自马风书、任娜:《欧洲一体化:一种文化的解读》,载《现代国际关系》2003 年第 9 期,第 30—31 页。

二、对一体化法律建设的影响

民主法制观念是欧洲文明同一性的重要内容。欧洲是近代民主法制思想的发源地，民主法制思想早已深入人心并成为人们日常行为的普遍规则。欧洲各国普遍建立了以宪政、三权分立、普选制、代议制、司法独立和法律至上为基本原则和核心内容的民主法制制度。欧洲文化的这一特点深深地影响了欧洲一体化的法律建设。欧洲一体化从一开始就遵从法制的原则，确立了法律在欧洲一体化中的突出地位。欧盟也正是以成文法的方式缔结而成的，主要的成文法有《欧洲煤钢共同体条约》《欧洲共同体条约》《欧洲原子能共同体条约》《单一欧洲法令》和《欧洲联盟条约》等，还包括2004年通过的《欧盟宪法》。欧盟法律规定了欧盟集体身份的内容和原则。可以说，欧洲一体化发展的每一步都首先体现为相应的法律成果，并通过法律得以巩固。欧洲一体化发展的道路也是完善欧洲法律体系的道路。因而，欧盟实际上是一个法律共同体。

欧盟由15国扩大到25国后，内部在经济、文化、社会发展水平等方面的差异显著拉大。在这一情势下，欧盟启动了欧洲联盟制宪这样一个创新工程。经过一年多艰苦的努力，2004年6月17—18日，欧盟25个成员国首脑布鲁塞尔峰会正式通过了《欧盟宪法草案》。宪法草案赋予欧盟以法律人格（具有能够签署国际条约的独立法人地位）。欧盟将寻求合法性的基础放在培育超越民族国家的新认同上，其着眼点在于，把根据民族国家赋予和转让所获得的合法性来源进一步转向"欧洲公民"的培育。以往,欧盟决策程序的真实联结点首先存在于行政的、精英的相互联系之中。以欧盟缔结条约为例,通常仅限于各国政府间的非公开谈判,被视为精英秘密交易。东扩之后,欧盟的行政官僚体制将由于组织任务的复杂化进一步扩大,普通公民对欧盟的疏远也会加剧。如何贴近公民,是欧盟未来发展的关键。在制宪过程中,《莱肯宣言》提出了"广泛"和"公开"原则,创立了为期一年的专门会议——制宪筹备委员会(Convention),先行讨论宣言规定的一系列具体问题。根据安排,与会者除成员国政府与欧盟委员会代表外,还首次包括了欧洲议会与成员国议会议员。会议还开辟专门的"论坛"、网站,及时公布大会各种会议讨论结果,刊登大会代表个人见解,收集成员国公民的建议和评论,使会议内外形成互动。此外,还特别组织成立了由210名18至25岁的欧盟各国青年的青年制宪会议,专门倾听青年一代对欧盟前途的愿望和意见。可见,宪法和宪法中的公民地位只能在历史过程中同时形成,也就是说公民地位和公民意识的铸就不是一次性的历史行为,而是在一个过程中培育的,制宪的过程也就是公民学习的过程。

三、对一体化决策机制的影响

"欧洲主义"和"民族主义"的共存与交融使欧盟一体化机制具有极为特殊的性质特征,逻辑上,欧洲文明的同一性导致欧洲一体化机制的超国家性质,而其多样性则导致政府间的性质。在机构安排上,表现为既有公民直接选举产生的欧洲议

文化欧洲的"分"与"合"

会,也有作为国家代表的欧洲理事会和部长理事会,执行权和创议权则被赋予欧盟委员会;在主要政策领域上表现为三大政策支柱之间不对称、不平衡,经济货币联盟处于共同政策管辖之下,而社会司法合作、共同外交和安全政策则被置于政府间合作基础上;在决策机制上,表现为一致通过和特定多数两大表决原则并存。总体上讲,目前欧洲一体化的政府间性质是明显的。不仅其条约的创建和修改须由政府间会议讨论决定,而且其机构的活动也仅限于成员国授权的范围,其职权来源于共同条约的规定。因此"共同机构即使权利再大,它也不可能拥有使自己不断增生的权力"①。但在成员国让渡权力的领域,一体化活动就不再是简单的政府间性质。"在委员会提议、理事会决策、欧洲议会审查、欧洲法院做司法监督这样一个决策进程中,共同体更多体现为一种政体的活动,而非一般的政府间组织。"一般认为,欧洲理事会明显属于政府间性质,而欧洲议会、欧洲法院、委员会等机构往往被认为属于超国家机制。但同一机制在不同场合也具有不同属性。因此,"欧盟一体化机制并非具有单一的政府间性质,或超国家性质。而是多种性质并存于同一体系的不同层面"②。

欧盟机构的表决机制分为三种:一致同意、特定多数和简单多数。从文化角度看,每一种都体现了不同的意义。一致同

---

① 陈玉刚:《国家与超国家——欧洲一体化理论比较研究》,上海人民出版社 2001 年版,第 314 页。

② 陈玉刚:《国家与超国家——欧洲一体化理论比较研究》,上海人民出版社 2001 年版,第 319—320 页。

意具有政府间性质，体现较多的"民族主义"和"国家主义"意义，它给予每一个成员国以否决权。正因为如此，具有强烈民族主义意识的法国戴高乐政府一度对欧共体实施了长达6个月的"空椅子政策"，要求修改欧共体的表决机制，实行一致同意原则。而简单多数和特定多数则具有超国家属性，体现了较多的"欧洲主义"意义。长期以来，在几乎所有重大问题上欧共体都实行了一致表决制，但恰恰这点造成了其决策效率的缺乏，大大阻碍了欧洲一体化进程。随着欧盟的成立和欧盟东扩计划的实施，原有的表决机制越来越难以适应形势的需要。因此，自冷战结束以来，欧盟加快了表决机制方面的改革，逐步扩大了多数表决制的适应范围。这也从一个侧面反映了"欧洲主义"意识在欧洲内部的发展。

2004年通过的《欧盟宪法草案》明确了欧盟机构设置、权限分配和决策的基本原则。欧盟和成员国两级政治权力分配的原则是"赐予、辅助性、均衡"。在大多数政策领域的决策过程中引入有效多数票表决制，取消了20个领域的一致通过制即一票否决制。这一决策机制的转换使表决体制计算简单而精确，人口多的国家获得较大的影响力。在机构设置上也出现了重大变更。以新设的常任理事会主席制度取代现行的轮值主席国制度。理事主席通过有效多数票表决的方式推举。欧盟委员会的权力明显加强，从2009年起，计划将拥有正式投票权和决策权的委员人数减少到15名，各国将轮流出任核心委员，委员会主席由欧盟领导人通过有效多数表决产生，候选人必须得到欧洲议会的批准。欧洲议会的立法权有了显著扩大，与各

文化欧洲的"分"与"合"

国政府联合通过提案的领域从目前的 34 个增加到 70 个；在欧盟预算方面有更多发言权。新设专职欧盟外交部部长一职，通过有效多数票表决制选出。可以看出，《欧盟宪法》对决策机制的重大改变突显了欧盟集体意识的加强，是建构欧洲文化认同的具有里程碑意义的重大举措。

从以上分析可以看出，不仅欧洲一体化的实施具有深厚的文化基础和广阔的文化背景，而且一体化的模式、进程、性质和特征都深受欧洲文化的影响。当然，文化对欧洲一体化的影响绝不仅仅只在于以上三个方面，文化对一体化经济制度、社会制度和政治制度的建立同样产生影响。另外，文化因素也影响着欧盟的东扩，这点在第二章第三节和第三章第二节有着更详细的论述。

第三章 欧洲文化认同的建构

欧洲的一体化面临着继续深入和扩大的双重任务，但以经济和政治一体化为主要任务的功能主义道路越来越显示出它的局限性。在这种情况下，欧洲文化认同的建构便不可避免地提上日程。欧洲之父让·莫内说过："如果能重新做起的话，我将从文化入手。"①

欧洲文明的同一性和欧洲民族文化的多样性的矛盾性存在状态给欧洲人的文化选择，即欧洲文化认同带来了困难。欧洲与美国不同，它没有一个占主导地位的民族或文化，也不具有普遍通用的英语。无论是英国、法国、德国，还是意大利、荷兰、比利时，任何一个民族都不可能使自己的文化或语言成为欧洲的主导。这种尝试在历史上出现过，如基督教会的统治和拿破仑、希特勒的战争，但后来都归于失败。欧洲文明是欧洲

---

① ［法］莫里斯·阿莱：《欧洲面对未来：怎么办?》，巴黎罗贝尔·拉封出版社1991年版，第109页。

民族文化的源泉，欧洲民族文化是在欧洲文明的基础上发展和演绎的，两者都是客观的无法改变的事实。欧洲一体化的发展不能只取其一，而要选择一体化和多样性相结合的原则。但问题是，如何造就这两者完美地结合？也就是说，如何造就一种新的文化状态，使之既能包含这两者，又能发挥文化的政治功能，让欧洲成为名副其实的政治统一体？这便是建构欧洲文化认同的重要任务。

这种新的文化状态来源于欧洲历史上不断闪现的欧洲联合思想或"欧洲观念"，当然也是当代欧洲一体化的迫切要求。根据第二章第一节的综合表述，我们姑且可以把这种新的文化状态称为"欧洲文化"或"文化欧洲"。建构欧洲文化认同，实际上就是建构"欧洲文化"或"文化欧洲"。

第一节 建构主义关于欧洲文化认同的研究

建构主义关于欧洲文化认同的研究，主要包含以下四个方面：

一、关于欧洲文化发展的三种状态

现实主义认为国际社会是无政府状态，无政府状态是自助体系，国家本质上是利己的，从而产生暴力、竞争和战争。建构主义认为，无政府状态是一种文化，"文化可以导致冲突，也可以导致合作"。以温特为代表的建构主义认为，从历史发展的角度看,以欧洲为中心的西方社会经历了三种不同的文化形态:霍布斯文化、洛克文化和康德文化。

霍布斯文化的道德基础是"人性恶",人人充满了自私、贪婪和做坏事的欲望,"人对人像豺狼",它的核心内容是敌意。每个国家也都把别国看作是"敌人",都处在"所有人反对所有人的战争"中。在国家利益上都尽可能地"损人利己",生存完全依赖自己的军事实力,相互之间的安全完全是高度竞争的零和游戏,国际关系始终都处在混乱与冲突的无政府的自然状态。"战争成了一种制度",杀戮和被杀是霍布斯文化下国际关系的特征。① 中世纪对异教徒的十字军东征正是这种文化的体现。在欧洲内部,这种文化还导致了"权力集中"和"建立帝国"。

洛克文化的道德基础是"生存和容许生存",即"我活也让别人活"。它的核心内容是竞争,国家与国家之间应该为一种竞争对手关系,竞争对手期望相互行为的基础是承认主权,因而不会试图征服或统治对方,从而使国际社会摆脱了战争的无限性和"国家的高死亡率"。自我克制、"竞争与合作构成了洛克文化国际关系的特征"②。而实现这一点的基本条件是制定约束人们和国家杀戮、作恶的法律和"法治"。因此,这一文化导致了欧洲法律体系的发达和欧洲人法制观念的根深蒂

---

① [美]亚历山大·温特:《国际政治的社会理论》,秦亚青译,上海人民出版社2000年版,第337页。

② [美]亚历山大·温特:《国际政治的社会理论》,秦亚青译,上海人民出版社2000年版,第350页。

文化欧洲的"分"与"合"

固,以及制衡理论、均势理论和相关机制的形成与发展,也导致了人权观念、民主意识和民主制度的发展。秩序、法制、民主、容忍、共存等日益成为欧洲文化核心的组成部分。然而,"洛克文化不是一种完全的法治体系",因为"战争被认为是正常和合法的"。① 一旦约束战争的机制失灵,战争就可能再次无限化,从而回到霍布斯。温特认为从 1648 年至今的国际体系主导文化是洛克文化,主权制度是洛克文化的标志性印记,国家的低死亡率表明了生存和允许生存的逻辑。

康德文化的道德基础是"人人为我,我为人人",核心内容是友谊。在这种朋友角色确立的国际关系结构中,国家遵循两项基本规则,即非暴力规则和互助规则。一个国家的军事实力不仅不再是威胁其他国家的手段,而且还成为体系中成员的共同财富。这就是集体安全或安全共同体的体系。它排除了完全个体意义上的利益,形成了一种真正的集体身份和高度的利益认同。在这种体系中,个体利益体现在集体利益之中,助人和自助也就融为一体。"行为体之间的关系模式超越了竞争与合作,不仅不以对方为敌,而且将对方的利益化为共同体利益,并由此建立了新的合作观念。"② 温特将这种结构称之为"共同体",认为共同体各成员建构了充分的、"群我"的集体认同。这是最高一级的文化形态。欧洲经历了从霍布斯文化到

---

① [美]亚历山大·温特:《国际政治的社会理论》,秦亚青译,上海人民出版社 2000 年版,第 352 页。

② [美]亚历山大·温特:《国际政治的社会理论》,秦亚青译,上海人民出版社 2000 年版,第 370 页。

康德文化的历史演进。就目前来说，欧洲文化体现了洛克文化和康德文化的某些特点，是二者的混合体。

由上可知，温特对三种国际文化的讨论，意在证明两点：1. 国际体系的文化结构是动态的，国际体系随文化结构的变化而变化。行为体可以建构霍布斯文化，也可以分解霍布斯文化，并建立洛克文化。由于无政府状态是国家造成的，如果行为体的互动实践发生了变化，观念随之变化，国际体系结构也就会发生变化。在这里，体系变化不是华尔兹的"物质力量分配"的变化，而是"观念分配"的变化，从一种无政府文化转变为另一种无政府文化的关键在于哪一种无政府文化占据国际政治生活的优势。文化之间的竞争正是结构变化的不竭根源。2. 国际体系文化既是可变的，又具有相对稳定性。温特虽然在总体上对国际体系文化持进化态度，但并没有肯定国际体系的政治文化必然要有发展性进化。文化和观念在国家互动过程中留下的印记具有高度的耐久性，行为体在互动过程中要改变文化是极为困难的。

无政府文化的三种结构是按照三种方式建构的，即被迫遵守、利益驱使和承认广泛的合法性。在前两种方式中，文化只影响行为体的行为和信念，但不涉及行为体的身份和利益。只有在第三种方式中，行为体才被文化建构，即不仅影响行为体的行为，而且建构行为体的身份和利益。霍布斯文化，国家没有约束性；洛克文化，国家有约束性；康德文化，国家有自觉性。根据建构主义的体系结构由占主导地位的角色来决定的观点，在欧盟内部，成员国间的关系是朋友关系，朋友关系占主导地位，国家具有自觉意识，可见欧盟属于康德文化。而欧盟之外的国际社会则呈现出霍布斯文化向洛克文化的转变,虽然"敌人"意识在一定程度上还存在,但竞争已经成为国家间的主要关系。

二、关于欧盟制度的作用

建构主义一体化理论首先强调社会本体论,认为国际政治的根本结构是社会的而非仅仅是物质的,国际现实的重要组成部分不只是物质因素,也有观念因素,社会结构主要是由观念构成的,物质因素通过观念才有意义。这个观念因素可以包括规范、制度、规则集体认同、文化认同等。

温特从"知识"的概念入手对上述理论进行阐释。他认为知识有"自有"和"共有"两种。"自有知识指个体行为体有他人没有的信念",国家的自有知识决定着国家的利益;社会共有知识是"个体之间共同的和相互联系的知识",属于文化范畴,在国家社会表现为规范、制度等。"具体的文化形态,如规范、规则、制度、习俗、意识形态和法律等等,都是由共同知识建构而成的","共同知识能够建构霍布斯提出的那种人反对所有人的战争,也可以建构康德提出的持久和平"。①共有知识建构了欧盟行为体,使欧盟具备了欧盟身份和利益,形成了名副其实的欧洲身份。从观念的角度看,欧盟不仅是共有知识的产物,也是集体知识的产物。成员国的共有知识造就了欧盟集体身份的观念。成员国不仅有自己的信念,而且有共

---

① [美]亚历山大·温特:《国际政治的社会理论》,秦亚青译,上海人民出版社2000年版,第180—302页。

下　篇　当代欧洲文化认同及其建构

有信念，因此，成员国不仅处于欧盟的物质结构，而且处于欧盟的观念结构。例如欧盟理事会，它是欧盟成员国的共同知识建构的欧盟最高权力机构，代表欧盟。

建构主义认为，欧盟的制度不仅包括正式的规则和规范，如条约、普通立法和欧洲法院的判例，还包括很多非正式的规则和主体间意识等社会因素，如欧洲政策进程中的未成文的行政程序、共同理解、制度安排以及在实践中出现的非正规行为模式。① 欧盟的制度建构了行为体的偏好和身份。欧盟的身份和利益规定了制度建设目标，并且在制度建设中不断发展和完善，而身份和利益又推动制度建设，促成成员国在制度建设中加深对欧盟集体身份的认同。

三、关于欧盟身份的变化

温特指出，政治共同体的形成依赖于集体身份的建立，形成集体身份有四个条件：相互依存、共同命运、同质性和自我约束。② 温特把身份作为有意图行为体的属性，可以产生动机和行为特征。身份可以分为个体身份和集体身份。行为体的身份决定了它的行为和利益。

建构主义强调构成欧盟制度的规则、规范的社会建构作用，可以引导行为体的行为，同时建构了行为体的身份。例

---

① Thomas Christiansen, Knud Eril Jorgensen, and Antje Wieneretal, *The Social Construction of Europe*, London: SAGE Publication 2001, p.13.

② ［美］亚历山大·温特：《国际政治的社会理论》，秦亚青译，上海人民出版社 2000 年版，第 430 页。

如，欧盟的成员国资格使得德国、法国、意大利不再简单地以欧洲国家，而是以欧盟国家这一身份来定义自己的国家性质。建构主义学者利用身份理论从三个方面来研究欧洲一体化中的身份和认同问题。

首先，欧洲一体化不仅是一个新的政体的形成过程，也是一个成员国政治身份的变化过程。例如，德国在战后改变了原来的民族主义和国家身份，法国在戴高乐执政后，也改变了以国家中心主义和民族主义为特征的戴高乐主义，逐渐认同欧洲，所以法德能够成为推动欧洲一体化的坚强核心。而英国始终没有认同自己是欧洲的一员，把自己定位为欧洲大陆的"他者"，或者是欧洲大陆的朋友，反对一体化进程侵犯英国的主权。

建构主义采取结构主义的方法论，强调结构和行为体的相互建构作用。行为体的身份和行为都是受社会环境（主要由观念构成）影响的，即结构建构了行为体。同时，行为体通过日常的实践创造、再现和改变着社会环境。建构主义把欧洲一体化看作是一个新政体的形成过程，行为体（国家、民族、社会团体和个人）的身份发生了变化，也就是说，欧洲一体化对欧洲的国家体系及其构成单位有一种变革性的影响。

其次，是欧洲认同问题。欧洲认同是一种"超国家认同"，表现为欧盟各成员国对于欧盟这个共同体的一种归属感。建构主义认为，身份、认同都是可以建构的，欧盟作为一个正在形成的政体，欧洲认同不仅是必要的，而且是可能的。但是，欧盟的本质是什么，如何在欧洲文化多样性的基础上建设潜在的欧洲认同，这是一个需要解决的问题。

下　篇　当代欧洲文化认同及其建构

欧盟的共有知识依赖于欧盟成员国的观念。一方面，成员国有自己的身份和利益考量，另一方面，成员国要考虑其他成员国对欧洲一体化的态度，也就是要对他者行为体身份和利益进行界定。如果这些界定形成了共同的身份和利益，那就意味着欧盟集体身份和利益的形成，就会产生互为朋友的认知。这种共有知识将有助于一体化进程的发展。对欧盟成员国而言，欧盟身份和利益的界定和认知是一种文化上的认同，这种界定和认知的过程正是一种文化认同的建构。建构主义的重心在文化，他们认为文化的变迁导致了新的集体身份的出现，结果是一种文化模式向另一种文化模式转变。欧洲联盟是洛克文化向康德文化的转变，欧盟集体身份的形成是新的文化模式的形成。集体身份体现的是集体利益。如果集体身份能够体现具有国家利益内容的集体利益，那么成员国就会认同集体身份。集体身份的形成受到个体身份的阻力。国家间身份的形成是以文化为背景的，国家有自己的文化传统和价值观。国家身份是国家存在的显示，所以国家不可能完全失去自我身份，国家在走向集体身份的过程中不可能达到对集体身份的完全认同。集体身份的形成不仅取决于其成员的超越自我，还取决于他者的认可。国家间的集体身份需要国际社会的其他国家的认可。

最后，从身份决定利益观点以及身份的排斥和包容原则出发，建构主义学者讨论了欧盟的共同外交、东扩等问题。欧洲联盟一体化的过程是身份和利益的学习过程，成员国在一体化过程中习得欧盟身份和利益，并从对集体自我的认识和其他国际行为对欧盟的认识中认知了欧盟。"当行为体自我意识到他们认为是'成功'的行为体时，就会模仿，通过模仿获得了身份和利益"① 东欧国家意识到欧洲联盟是成功的行为体时，就会模仿欧盟的标准，通过达标活动，取得欧盟身份和利益。观念趋同是模仿成功的关键。欧盟标准一旦成为候选国的共有知识，就会被建构，被建构的欧盟标准就成为候选国和成员国共有的文化模式。

四、关于欧盟交往和话语的作用

从本篇第一章第一节文化的概念可知，交往和话语也属于文化的一部分。建构主义利用哈贝马斯的交往理论和维特根斯坦的言语行为理论，研究了欧盟中成员国等各种行为体的社会行为以及他们的话语实践。建构主义学者认为，行为体的互动和交往是在一定话语环境中进行的，欧盟制度是一个正在形成的话语体系，欧盟的条约、指令和决策程序都构成了一种特殊的话语、概念和词汇。"如果我们要理解和解释社会行为，我们就要注意言词、话语和交流语言，因为代理者就是通过话语的实践来感知世界并赋予其行动以意义的。"② 话语在欧洲一体化中有着重要的作用。哈贝马斯的交往理论的核心是一个以辩论和说理为中心的行为体互动模式——交往合理性模式。在这个模式中，行为体用辩论和说理来质疑任何因果性和规范性

---

① [美]亚历山大·温特：《国际政治的社会理论》，秦亚青译，上海人民出版社 2000 年版，第 410 页。

② Thomas Risse, "Social Constructivism and European Integration", http://www.Fub erlin.de/atasp.

陈述的有效性，并寻求一种交往中的共识。在辩论中，更好的、更合理的、更正确的观点要比参与者的权力和利益更有说服力。欧盟成员国在讨论解决共同问题时，往往要通过辩论、商讨的过程来建立一个合理的共识。话语的作用不仅仅只在于解决某个具体的共同问题，还有一个更重要的作用是参与了欧盟的政体建构。这也正是文化的独特作用。比如，欧洲学者、政治家们对于欧洲一体化发展的看法本身就是对欧盟的发展起建构作用。20世纪60年代的英国把欧洲经济共同体（EEC）当作"共同市场"（Common Market），但当时的德国却把它看作"共同体"（Community），这种不同看法显示了英德两国的不同认同。[①]

建构主义参与欧洲文化认同研究，对于欧洲一体化的发展有重要的意义。欧洲一体化从一开始就带有政治动机，"马约"之后，政治一体化逐渐被推上欧盟的议程。如何解释这一进程以及预测今后一体化的发展成为学者们关心的问题。建构主义从社会化的角度为解释和分析欧洲一体化特别是政治一体化提供了新的思路。建构主义认为，欧洲一体化是特殊的历史背景和文化（共有观念）的产物。在"二战"后民族主义普遍受到反省的情况下，一些具有欧洲统一思想的政治和学术精英为一体化创制了一个超国家的共同体制度。行为体（包括成员国以及民族、个人）通过学习、认知，逐渐内化了有关一体化的规范、规则，从而导致行为体的身份、

[①] 转自李明明：《建构主义的欧洲一体化理论探析》，载《欧洲研究》2003年第3期，第55页。

偏好和行为模式都发生了变化。行为体通过互动，推动这些规则和规范不断深化发展，也推动着一体化朝一个政治共同体的方向前进。

第二节 欧盟建构欧洲文化认同的策略

不可否认，建构主义关于欧洲文化认同的研究还多在于纯理论分析，经验性分析还不够。但当代欧洲一体化进程中欧盟为了推动和深化一体化而采取建构欧洲文化认同的实践策略，又基本迎合了建构主义理论。欧盟采取许多措施使各国国民加强"欧洲观念"意识，并在此基础上构建欧洲的文化认同。在全球化的今天，欧盟对文化认同的构建是文化民族主义的新的表现形式，它推动民族进入新的历史发展阶段——超民族阶段，是多元与共同文化层次兼容互动的新民族文化。根据建构主义关于集体认同的含义，它也包括对内、对外两个方面。对内，欧洲认同的形成将发展出一种新的归属形式，欧洲人凭借这个欧洲认同结合成一个想象的共同体。对外，欧洲将进一步与"他者"的比较认识自己的特性。

由本篇第一章的概念和理论论述可知，文化的特点和性质，决定了文化政策可以在政治、经济和科技政策难以企及的空间发挥独特作用。文化政策作为政治、经济目的的辅助手段，反映了欧洲一体化深层次的探索过程和指导思想，它与政治、经济政策相辅相成，对一体化起到了引导、发展和巩固的作用。欧盟文化政策是欧洲一体化深层次的整合，具有战略意义。欧盟对欧洲文化认同的建构大致集中体现在以下几个方面：

一、强化"欧洲观念"的文化策略

欧盟关于自我认同的文化策略主要体现在1954年的《欧洲文化条约》、1957年的《罗马条约》以及1992年的《马斯特里赫特条约》。欧盟通过强调欧洲共同的文化遗产和欧洲文化多样性的重要性，反映了欧盟为进一步加强各成员国之间的团结合作而将文化视为一体化进程中的一个重要因素。其目的在于培育各成员国公民对欧洲共同体的认同感，加快欧洲一体化进程。

（一）正确处理民族文化和共同文化

民族文化是赖以生存和发展的根基和土壤，如放弃了传统文化所形成的基质，就失去了进一步发展的基础和条件。于是，成员国纷纷制定自己的政策，举办富有本国特性的文化活动，形成多元文化。而多元文化不断为共同文化提供给养，共同文化不断激活多元文化的创造性，促进新的多元共融文化的产生，共同文化与多元文化在一体化进程中相互促进，两者相得益彰。欧盟在强调欧洲共同文化遗产的同时，并不否认各成员国特有的不同文化。在欧盟的多样性文化政策中既要求突出所有欧洲人共有的文化根源和遗产，又保证尊重各成员国所特有的民族文化。欧盟并不限制欧洲各国文化的发展而是将各国文化视为欧洲文化的一笔宝贵财富。从历史看，每个欧洲国家

文化欧洲的"分"与"合"

在发展自己民族文化的过程中都为欧洲文化的最终形成做出了贡献,每个国家的文化都是欧洲文化中不可或缺的组成部分。如果强制推行一种文化模式,那会损害欧洲文化的内在联系,削弱欧洲文化的丰富性。只有向其丰富多彩的文化全面开放,欧洲才会有可能动员一切创造性因素为欧洲一体化建设服务。对欧洲文化认同的构建,并不是要排斥或否定民族文化认同,也不意味着民族文化特征的丧失。就文化认同而言,"民族的"和"欧洲的"这两个层面远非对立,而是能够在一个相当长的时期内和平共存。所以,构建欧洲文化认同是在保持民族文化认同的前提下获得一种超国家的新的认同,使欧洲人在自我界定的同时,能够自觉地意识到他们还同属于一个更高的整体。因此,多样性和统一性的有机结合始终是文化认同建构的理想模式。欧洲文化的标志是其多样性。这种多样性下孕育的是亲和性、民族相似性和共同的欧洲认同。多年以来,欧洲文化多样性与统一性之间的张力推动着古与今、传统与革新的融汇。

(二) 加强欧洲内部的文化交流

为了加强对欧洲意识的培养,欧共体采取了一系列活动,如"欧洲道路安全年""欧洲抗癌年""欧洲电影年""欧洲青年歌剧和创作大赛""欧洲文化城""欧洲姐妹城"和"欧洲自行车与划船赛"等等。欧盟鼓励各国人民学习了解其他国家人民的文化,了解他们共同的文化遗产,让他们意识到他们本来同属于同一文化共同体、本国文化都是构成欧洲文化重要组成部分时,欧洲真正的统一才会实现。基于这种理念,1954

年,欧洲委员会的 14 个成员国共同签署了《欧洲文化条约》。该协议意义在于相互之间积极开展文化合作与交流。该协议向欧洲委员会所有成员国开放签署,并欢迎欧洲所有非成员国参加。协议的签署表明了他们为捍卫并发扬欧洲文化而决心采取共同行动的意志和愿望。① 这个协议为欧洲各国在文化领域内的多边合作奠定了可靠的基础,有力地推动了各国不同文化间的相互了解,确立了欧洲文化政策的实质,为以后欧洲制定文化政策奠定了基础。

不仅如此,1957 年的《罗马条约》规定:共同体行动应旨在鼓励成员国之间的合作,以及——如有必要——支持和补充成员国在下述方面的行动:增进对欧洲各国人民的文化与历史的了解与传播;维护和保护具有欧洲意义的文化遗产;发展非商业的文化交流;鼓励艺术与文化创作,包括视听部门。②

1992 年签署的标志欧盟正式成立的《马斯特里赫特条约》第九章 128 条规定:"共同体将致力于弘扬共同文化遗产,发展各成员国文化,尊重各国各地区的文化多样性。"③ 这是欧盟政策的基本原则。在这一条款中,还涉及了以下几方面的内容:1. 文化行动目的,除了将致力于弘扬欧洲共同文化遗产,发展成员国文化,尊重各国各地区文化多

---

① 徐枫:《欧洲文化政策的主要原则》,载《思想战线》2000 年第 4 期,第 122 页。

② 戴炳然:《欧洲共同体条约集》,复旦大学出版社 1993 年版,第 147 页。

③ 戴炳然:《欧洲共同体条约集》,复旦大学出版社 1993 年版,第 147 页。

样性以外，欧盟还鼓励欧洲文化创作以及与其他各国和国际组织的文化合作。2.注意共同体整体活动中的文化层面：这是《马斯特里赫特条约》中由签约各方达成一致的关键内容，体现了各签约国一致同意将文化范畴列为欧盟在进行经济决策的过程中必须考虑到与之相关的文化目标。《马斯特里赫特条约》正式赋予了欧盟管理文化的职能，将文化纳入欧洲一体化建设的目标，因此，它不仅制定了欧盟文化政策，而且还为欧盟建设开辟了新的行动纲领，其意义将是重大而深远的。1990年，欧盟提出了"万花筒计划"，支持各国艺术和文化活动的合作。从1997年至1998年，欧盟实施了"埃里那计划"，促进对欧洲文学作品的了解和传播。从1997年至2000年，欧盟实施了"拉菲尔计划"，鼓励成员国宣传和保护欧洲文化遗产。从2000年至2004年，欧洲实施了"文化2000计划"，强化和合理化合作行动效率，以单一出资和计划途径取代之前的三个计划，以促进欧洲人民共有的文化区的发展。这些计划既尊重了民族文化的多样性，又强调共同的历史和文化，鼓励积极进行文化合作，以此加深"欧洲观念"。

（三）塑造欧洲共同的文化象征

1984年，欧共体预备委员会发表了一份报告，强调通过文化交流和创立欧共体标志来加强共同体的存在和身份，以加强共同体的归属感。正如一个民族总有某些特定事物或事件作为人民共同情感与集体记忆的载体一样，欧盟同样需要某些象征来激发欧洲人共同的想象。1985年6月，欧共体陆续采用了统一样式的欧共体护照、驾驶执照、共同体旗帜和音乐（取自贝多芬《欢乐颂》序曲）。共同体旗帜的设计以蔚蓝为底色，中间由 12 颗金色的星星环绕成一个圆，它看似简单却包含了深厚的文化象征含义，试图体现共同的欧洲文化认同。欧盟委员会这样解释盟旗的文化含义："12 是完美和丰饶的象征，使我们同时联想起（《圣经》中的）12 使徒、雅各的 12 个儿子、罗马的 12 铜表法、赫拉克勒斯的 12 项业绩、一天的 12 小时、一年的 12 月或黄道 12 宫。最后，圆形的排列代表了联盟。"①共同体歌曲则采用欧洲人耳熟能详的贝多芬《第九交响乐》即《欢乐颂》。护照使用统一的外形与设计，只是标着不同国家的名称。欧盟也通过积极创建欧洲的公共假日，为塑造新的欧洲文化象征创造条件。1985 年，欧盟委员会将每年的 5 月 9 日即舒曼计划的诞生日定为"欧洲日"。欧盟官方每年都会在"欧洲日"组织数量众多的交流活动，以增进成员国间的合作。通过有意识地新建欧洲的文化象征，是欧盟努力所要"发明"的一种新的"欧洲历史"的开端，为一种大众层次上的泛欧洲的经验与记忆、传统与价值的出现创造条件，有利于一种真正的欧洲文化认同的形成。经过几代人的积淀后，也许这些文化象征能够真正引起未来欧洲人的"爱国主义"性质的情感。

---

① 转自张旭鹏：《文化认同与欧洲一体化》，载《欧洲研究》2004 年第 4 期，第 75 页。

（四）创建新的欧洲媒介系统

信息技术使全球传播网络和国际信息空间形成，由此大众传播媒介超越了国家间的地理界限，在世界范围内形成了一个信息资源共享的巨大空间。大众传播媒介不仅能提供便捷的信息，还能使信息寄附着重要的文化政治功能。媒介能够将分散的观众与本国的国家政治文化联系起来，使全民便于参与国家政治，全民便于共享国家文化。正因此，欧洲的媒介系统对于增进欧洲人民间的相互了解，培养他们的共同归属感显得尤其重要。欧盟已将视听等传播业定为创造欧洲文化认同感的重要手段。自20世纪80年代后期以来，欧洲各国协同推出了一系列"媒介计划"。1988年，成立文化事务委员会和文化顾问委员会，开展了欧洲影视年活动。90年代初，欧盟实施"第一传媒计划"，以鼓励和发展欧洲视听节目工业。90年代末，欧盟实施"第二传媒计划"，确定三个优先发展区域：培训、发展欧洲产品和视听材料的跨国发行。21世纪初，欧盟实施"第三传媒计划"，即"传媒追加、培训计划"。这些政策的目的就是在联盟内部消除购销及发送接受视听产品中的一切壁垒，创造一个欧洲视听空间，从而打破国家间有形的界限，借助信息的共享帮助欧洲人认识到他们在诸多领域分享的共同命运，在欧洲层次上，造就一个共享历史和传统的文化共同体。

下　篇　当代欧洲文化认同及其建构

（五）重视大众教育手段的运用

教育是培养文化认同感的一种重要方式。20世纪90年代中期，欧盟对易于接受新思想的欧洲年轻一代提倡"欧洲的维度"教育，针对性地对他们进行欧洲观念的心灵塑造。1996年，欧盟启动了两个教育计划，一个是促进欧洲高等教育交流的"苏格拉底"计划，一个是对欧洲青年进行培训的"列奥那多"计划。两个计划都致力于增进欧洲年轻人之间的交流与理解，加深彼此的认同感。另外，欧盟还以一种欧洲的视角取代传统的民族主义的立场与偏见，对欧洲学校现行的教科书尤其是历史教科书重新编订。弗雷德里克·德卢什在1992年出版的由欧洲14位历史学家集体编撰的教科书《欧洲史》中指出："在欧洲探索自身前途命运过程中，似乎有种难以把握的东西在阻止各民族彼此接近。这种难以把握的东西既包括不同程度的经济利益、语言习惯、文化传统，而且也有往往是些莫名其妙的偏见。这些偏见根深蒂固，在家庭中，往往也因学校里历史教学某些方面的影响而世代相传，绵延不绝。"[①] 因此，欧洲历史学家的当务之急是在各国历史之外，重构一部造就了欧洲人共同价值的共有的历史。这种全新的历史观将成为教育新一代欧洲公民、培养其欧洲认同的有效手段。

---

①　[法] 德尼兹·加亚尔、贝尔纳代特·德尚等：《欧洲史》，蔡鸿滨、桂裕芳译，海南出版社2000年版，"序言"第1页。

二、针对东扩和移民的文化策略

随着2004年5月首批10个欧盟候选国入盟和保加利亚、罗马尼亚2007年入盟,欧盟第六次扩大项目也将完成。欧盟为中东欧国家制定了明确的政治、文化入盟标准。与以往几次扩大不同,此次欧盟东扩除了为申请国制定了严格的经济入盟标准外,还首次明确提出了一系列政治、文化要求,将尊重民主制度、人权和市场经济作为协定的基本原则,要求联系国继续进行政治和经济改革,遵守法律和维护人权。1993年制定了《哥本哈根标准》,更明确地规定了联系国入盟的政治、文化条件:申请国必须是稳定的、多元化的民主国家;至少拥有独立的政党和定期选举制度、依法治国、尊重人权和保护少数民族权益;必须建立可以发挥功能的市场经济,实行竞争、价格自由化等政策;以西欧国家的法律为范本改革法律体系,逐渐与欧盟的法律制度融合。[1] 同时,基督教文明也成为欧盟接受新成员国的重要文化标准。1994年,欧盟明文规定,除信奉基督教的波罗的海诸国外,排除所有信奉东正教的前苏联共和国入盟的可能性。[2] 1997年的欧盟的《阿姆斯特丹条约》进一步加强了对入盟申请国的政治、文化诉求,第一次将政治文化条件同成员国资格直接联系起来,明确指出,如果申请国严重违反民主原则将被推迟

---

[1] 朱晓中:《中东欧与欧洲一体化》,社会科学文献出版社2002年版,第124—125页。

[2] 希腊是信仰东正教国家中的一个特例。

下　篇　当代欧洲文化认同及其建构

接纳入盟。此后，文化标准一直被欧盟视为接纳新成员的必要条件。

东扩伊始，在欧盟内部就有关于"谁不属于欧洲"和"何处是欧洲边界"的争论。在这场争论中，文化因素被赋予了十分重要的意义。在已确定的 10 个首批入盟国家中，波兰、匈牙利、捷克、斯洛伐克、斯洛文尼亚、立陶宛、拉脱维亚、爱沙尼亚和马耳他都是基督教（包括天主教和新教）国家。民主和人权状况也被认为基本达到了欧盟制定的标准。而未被接纳的保加利亚、罗马尼亚、阿尔巴尼亚、土耳其等国，其国内多数居民则信仰东正教或伊斯兰教，民主和人权状况也常常遭到欧盟的批评。①

为了顺利地实现东扩的目标，欧盟不仅为中东欧国家制定了明确的入盟标准，而且还积极帮助这些国家改造国内的各项制度，推动其尽快达标。为此，欧盟制定了一系列政策性文件，其中包括改革候选国法律体系，树立新的法制观念，完善选举制度、培训共同的欧洲观念，以及文化教育现代化等方面的内容。另外，欧盟还通过签订双边和多边协议等方式，加强了与候选国的文化交流与合作，加大了对这些国家的文化资助力度。

欧盟经济的快速发展和不断的东扩，吸引了大批外来移民。欧盟成员国的政府，必须依据移民大量存在和必须大量移民这样一个看起来是矛盾的但是合乎逻辑和现实需要的情况，

---

① 朱晓中：《双东扩的政治学——北约和欧盟扩大及其对欧洲观念的影响》，载《俄罗斯中亚东欧研究》2003 年第 2 期，第 33 页。

制定相应的移民政策。各国政府大都设立了专门的移民委员会，并委托移民委员会，对现行的所有与移民政策有关的问题进行公正的而无禁忌的审查，并制定新的移民法律。在整个欧洲，移民政策走向严厉化：家庭团聚的条件更加苛刻，申请入籍者必须具备掌握入籍国语言等条件；在避难方面，将加快审理避难申请程序；取消等待期间的生活补贴；避难申请被驳回者将在最短时间内被驱逐出境；严厉打击蛇头；等等。例如，2002年6月意大利通过的新移民法规定：只有未成年子女和成年的残疾子女才能享受家庭团聚的权利；被驱逐出境的非法移民如果再入境，将被视为违法行为；帮助非法移民入境者可被判4至12年徒刑。丹麦2002年7月1日生效的新移民法，将取得永久居留权必须在丹麦居住满3年改为需7年以上，而且必须能自己养活自己；外国移民所获得的社会保障也大幅度降低，申请避难者不得躲藏起来，否则政府将拒绝其避难申请等。

就目前而言，欧盟统一的移民政策还没有形成。1997年，欧盟《阿姆斯特丹条约》首次提出移民政策合作的构想，1999年，芬兰坦佩雷首脑会议上首次同意建立欧盟统一的移民政策，欧盟委员会也顺势于2001年提出了一份在欧盟范围内对移民准入和居住条件进行管理的法案，但由于成员国意见不一，这份法律草案最终未被欧盟理事会批准。欧盟移民政策一体化进展缓慢的主要原因是许多政策都涉及国家主权问题。

2005年1月11日，欧盟委员会发表了一份名为《欧盟管理经济移民方法》的绿皮书，迈出了实施"欧盟绿卡"的第一步。为说服成员国接受"欧盟绿卡",欧盟委员会还保证,欧盟统一的绿卡制度不会侵犯各成员国的"主权"。各成员国仍有权决定自己希望引入的移民数量和行业,只需向欧盟委员会通报便可。这一措施到底会产生什么作用和影响,还有待观察。

三、应对美国文化霸权挑战的文化策略

历史上,欧洲被称为"旧大陆",美洲被称为"新大陆"。美国的主体文化实际上就是被移植的欧洲文化,所谓"欧风美雨",常常被视为同根一体的东西。"二战"后,欧洲开始了一体化的整合,欧洲认同逐步形成,"泛欧"情结获得一种现实的自尊和自豪。冷战结束后,"泛欧"情结同美国的"唯美"主义显现了较多的不和谐点。克林顿总统把文化称为"可以利用的软手段",美国向欧洲发起强大的文化攻势。欧盟早在1987年制定"1988年欧洲影视年"计划时,已敏感地认识到美国文化的强大攻势。当时,美国的影视作品成本仅是欧洲同类产品的1/5,却占据欧盟30%—50%的主要收看时间。以电影、电视、流行音乐及其因特网为代表的美国文化借助商业机制和高科技手段,充斥欧洲市场。通过文化输出,美国不仅获得了巨大的经济利润,还推销了其社会政治理念、价值理念、意识形态和生活方式,宣扬美国文化中心论。

在美国文化霸权的挤压下,欧洲意识到加强自身的文化建设的战略意义,谋求保卫和强化欧洲共同的文化独立性。1989年,欧共体签署一项公约,呼吁成员国采取有效措施保证欧洲

文化欧洲的"分"与"合"

本土电影、电视、戏剧、艺术和教育节目得到充分重视。安排足够的播出和放映时间。在 1993 年乌拉圭回合谈判的最后阶段，欧盟就文化产品市场准入问题同美国进行了激烈的交锋，坚决不同意在文化产品领域做出开放的具体承诺和时间表，并迫使美国让步，在某种程度上阻击了美国文化产品对欧洲文化的冲击。1994 年 4 月，欧盟发表绿皮书，提出利用自身技术优势，提高欧洲影视产品质量，积极参与全球市场竞争，迎接美国挑战的发展战略。1998 年 6 月，19 个国家在加拿大渥太华开会，把美国排斥在外，讨论美国有关文化统治地位问题。会议认为自由贸易威胁各国自己文化，与会国讨论了把文化产品排除在降低贸易壁垒的有关协定之外的方法。在美国文化大举入侵的情况下，欧盟一方面同美国作坚决的斗争，另一方面通过制定文化多样性政策鼓励欧洲文化的发展。法国已故总统密特朗在欧洲议会演说中曾极力主张保护欧洲文化，他大声疾呼："欧洲人坐在日本电视机前看美国电影的现象再也不能继续下去了。"

2001 年 9 月，欧盟文化部部长理事会通过四项决议，再次反映了欧盟及其成员国誓与美国文化霸权相抗衡，实现"使欧洲文化真正在世界文化中占有更重要的位置"的坚定信念。法国在欧洲带头抵制美国文化的冲击，法国总统希拉克曾公开批评并号召抵制美国文化的"文化霸权主义"，把以好莱坞为代表的美国文化的冲击视为"文化侵略"。法国农民还几度上街示威游行，抗议美国快餐文化吞噬法国市场。在抵制美国文化入侵中，典型的事件是"迪斯尼兵败巴

下　篇　当代欧洲文化认同及其建构

黎"。法国的左派示威者们用鸡蛋、番茄酱和写有"米老鼠回家去"的标语来对付刚建成的迪斯尼乐园。① 2005 年，法国总统希拉克号召欧洲各国联手把欧洲博大精深的文学遗产放上网，同美国主导的大英网络文化相抗衡，并誓言将争取英国、德国、西班牙政府的支持，集中注资几千万欧元，落实一项"欧洲互联网反美文化运动"。②

欧盟在抵制美国文化的同时，还通过加强与外界的交流，明确与"他者"不同，从而来加强自我认同。在苏东剧变后，当时的欧共体明显加强了与原苏联东欧国家的文化交往与合作，同时加大了对该地区文化活动的资金援助。目前，欧盟已与东欧国家在文化领域广泛开展了合作。1990 年，欧盟委员会通过了《欧洲纲领》，旨在加强建立欧洲内文化交流与世界其他文化地区的文化对话。"马约"还鼓励欧洲文化创作以及与其他各国和国际组织的文化合作。具体做法有：通过发展影视业传播欧洲的独特文化；通过与国际组织的合作来扩大影响力。欧盟的文化活动经常谋求与联合国教科文组织及其他国际相关组织如国际剧院组织等的合作，还加强了对第三世界的合作与资助。早在 20 世纪 80 年代，欧共体就资助了"泛非电影节"活动，进入 90 年代，又组织并参与了"亚欧文化节""汉诺威世博会"以及扩大欧洲三大电影节的影响手段，让世

---

① 严昭柱：《法德两国民族文化的建设和保护》，载《学习·研究·参考》2001 年第 2 期，第 56 页。

② 张庆华：《法号召欧洲抗衡美网上霸权》，中国新闻网，2005 年 3 月 22 日，http://www.chinanews.com/news/2005/2005-03-22/26/553384.shtml。

界更多地方的人了解欧洲与欧洲人的理念。①

第三节 建构欧洲文化认同的重要意义

以上这些策略意在从规范、制度、身份和利益等文化观念上重构欧盟的共有知识，重塑欧盟的集体身份，对欧洲一体化的发展和深化具有重要的意义，不仅成为深入一体化的必然选择，而且也是巩固经济、政治一体化的有力保障。

首先，欧洲文化认同的建构有利于弥补其一体化功能主义道路的不足，成为经济、政治战略不可或缺的辅助手段。功能主义道路使成员国把物质利益置于第一位，然而，过度计较相对收益和注重本国利益会导致欧盟成员国合作的脆弱性。欧洲文化认同的形成能够在成员国之间产生认同感，使个体的自我利益与共同体其他成员的利益认同为一，从而相互包容。经济上，欧盟利用欧洲深厚的传统文化和欧盟统一大市场的优势，发展文化产业，以提高竞争力；政治上，欧盟充分利用多种文化载体和文化活动，对民众进行欧洲一体化思想、实践及构想的宣传、引导，扫除历史带来的隔阂，使"人民欧洲"的观念深入人心，为一体化发展铺平道路。在媒体政策中，欧委会多次强调用影视、广播和人员培训的

---

① 车薇：《论欧洲一体化中的欧洲文化政策》，载《中国社会科学院研究生院学报》2001年第6期，第84—86页。

方式宣扬欧洲整合的观念。欧洲利用文化与政治、经济的相互渗透，弥合和巩固了一体化的政治、经济成果，从而将利益集团提升为具有悠远、广泛的文化理念的共同体，使之具有稳固性。

其次，欧盟文化认同的形成有利于培养民众对欧盟的归属感，减轻欧盟的合法性赤字。从一开始，功能主义道路决定了欧盟只具有一种间接的、来自成员国政府的合法性。这种非直接的合法性致使欧盟极大地脱离了共同体民众。在民众眼里，共同体机构的组成和决策由成员国政府主导的理事会决定，欧盟不是公众的代表机构，它只是成员国的辅助性工具。按照新功能主义理论，由于外溢的作用，民众会把满足其需求的期望放在超国家组织身上，最终实现认同和效忠的转移。按照逻辑，如果说经济利益能够使行为体支持一体化的话，那么法国享受高额农业补贴的农民应该是一体化的积极支持者，但是事实不是这样。所以民众对欧盟的归属感不会因为成员国在经济上相互依赖地加深而自动形成。20世纪90年代以来，欧盟条约的几次全民公决（如"马约"和《尼斯条约》的批准）都曾经因为成员国公众的反对而引起过危机。欧盟这种间接性的合法性已经不能够满足一体化进一步发展的需要。要解决"合法性赤字"，欧盟不仅应该提高公众在共同体决策中的参与度，还要建立一个欧洲认同，培养公众对欧盟的归属感，使欧盟真正确立起相对于欧洲人的"代表性"。[①] 在一个欧洲认同基础

[①] David Beethamm and Christopher Lord, *Legitimacy and EU*, New York: Longman, 1998, pp.33-58.

文化欧洲的"分"与"合"

上建立起来的欧盟合法性能够使公众承受短期的利益损失而支持一体化政策,在这样的情况下,即便是遇到短暂的危机,共同体也能承受。

再次,欧洲文化认同的建构是泛欧洲主义思想的反映。欧盟制定政策,加强立法,加大投入,举办官方活动,形成泛欧洲文化区。欧盟强调欧洲拥有共同的历史,以历史作为联系的纽带,也以欧洲观念来淡化国家和民族意识。欧洲认同的意义在于确立"欧洲公民"的社会身份,这种身份使欧洲联合进程及其成果更加贴近并惠及所有欧洲人,赋予欧洲公民以真正平等的跨国公民权。[①] "欧洲认同"也是欧盟合法性的依据和形成真正体现欧洲利益的欧洲政策的必要社会基础。欧盟凸显欧洲认同的外部压力,欧洲一体化最初的动力直接来源于冷战,而今天日趋加快的全球化又成为新的外部动力。因此,欧盟必须对这一挑战做出反应,回答"我们是谁"的迫切问题。欧盟不仅强调欧洲共同的历史合文化观念,还加强与非共同体国家的合作。在1989年东欧剧变后,欧共体明显加强了与东欧国家的交往,同时加大了对该地区文化活动的资金援助。这种接近具有战略意义,是欧洲谋求强大,争取成为冷战后国际格局转换中的重要一极的必要途径,是泛欧洲主义思想的反应。

最后,欧洲文化认同的建构不仅仅是欧洲一体化的必然要求,同时也是欧盟全球战略的组成部分。在对外方面,一个欧

---

① 裘元伦:《欧洲联合的前景》,载《国际政治》2001年第1期,第114页。

洲文化认同的形成有利于欧盟在国际舞台上作为一个独立的角色出现,有利于欧盟成员国感觉到他们有共同命运和共同利益,从而产生一致对外的意识,提高欧盟在国际事务中的地位和影响力。当欧洲人不断意识到他们是相同的,属于一个共同体的时候,他们将逐渐把自己和其他共同体区别开来。同时,欧盟认同意识的增强也会促使国际社会承认欧盟的独立性和特殊性,把它作为一个整体来对待。

下篇结语

综上所述,文化因素在欧洲一体化进程中发挥着日益重要的作用。在共同文化基础上塑造欧盟的思想文化基础,已成为欧洲一体化继续深化的重要保障;同时也要看到民族国家文化对共同文化政策的反击,切忌急于求成,唯此,欧洲一体化才能不断向前推进。欧洲主义和民族主义必将长期共存,但总的趋势是民族主义的东西会逐渐地淡化。或许,留给民族的东西可能是具有各自特性的文化,这种特性,是与各自的历史和包括语言在内的文化紧密相连的。单从语言的角度看,亨廷顿明确指出:"文化的两个核心要素是语言和宗教。"① 欧洲人对基督教普遍信仰,然而却坚持讲本民族的语言。欧洲各种组织自建立以来一直将成员国的"语言平等"放在了一个重要的位置,例如,在2001年的"欧洲语言年"决议草案中,欧盟就

---

① [美]塞缪尔·亨廷顿:《再论文明的冲突》,转自《新华文摘》2003年第5期,第160—163页。

下　篇　当代欧洲文化认同及其建构

明确提出："从文化的角度看，所有的欧洲语言具有相同的价值和尊严。"为了实现这一目标，欧洲联盟具有世界上最大、最复杂的笔译和口译服务部门，同时也有专项资金用于维护欧盟内部的"语言多样性"。目前欧盟组织内部的交流是用十一种语言进行的，随着欧盟的进一步东扩，势必带来更多的内部交流语言，而欧盟目前就已设有世界上最大的翻译服务机构。何况欧盟的座右铭"在多样性中发展"（strength in diversity），亦保证了欧洲人引以为自豪的"多语性"，《圣经》中的巴比塔，岂是容易建成的？同种同文的人之间的交流都难免出现误会，何况与"非我族类"交流了。因此，欧洲文化的同一性和多样性必将长期共存。

欧洲一体化成功经验使欧洲文化具有很大的向外辐射和传播的功能，它的一整套制度、规则、标准价值观和文明理念被认为是符合人类的利益的积极成果，且行之有效。因此，欧盟的社会制度和价值观念将会直接影响到其他国家和地区。

欧洲文化认同的建构主要由内在条件决定，但它与国际体系是有关联的。欧洲一体化是在当今国际体系结构下发展起来的，反之，欧洲一体化的不断发展对国际体系的变化产生了巨大的反作用，其中最重要的是对全球化的影响。在全球化之上重叠了本土化与世界化、同质化与差异化、传统与现代以及后现代与后殖民主义、东方主义与西方主义、大众文化与精英文化等多重话语。与之联系在一起的是，文化认同也成为关注的焦点。全球化的过程实际是一个文化认同过程，在这个认同过程中，被认同的是一种超越了本民族文化范围的全球化文化。

文化欧洲的"分"与"合"

这是人类文明的共同成果,如科技进步、工商业的发展、文化知识和新观念的传播、普及教育、国际贸易与生产的国际化分工、资讯与信息共享等。当今,狭隘的民族主义仍然大行其道,鼓吹本民族文化的优越性和例外论,对世界其他文化不是采取鄙视和排斥,就是力图用自己的那一套模式去改造他人,这种民族认同的消极作用已经给国际社会造成了极大的危害,大者引发所谓的文明冲突,小者引发族裔冲突。欧洲文化认同看作是对民族文化认同狭隘性的一种超越和克服,它的形成可能为全世界民族国家如何处理彼此之间由于认同和身份的差异而引发的矛盾起典范作用。

参考文献

上 篇

一、著作部分

1. 陈玉刚：《国家与超国家——欧洲一体化理论比较研究》，上海人民出版社2001年版。

2. 梁晓君：《英国欧洲政策之国内成因研究》，世界知识出版社2008年版。

3. 洪邮生：《英国对西欧一体化政策的起源和演变（1945—1960）》，南京大学出版社2001年版。

4. 钱乘旦、陈晓律、潘兴明：《日落斜阳：20世纪英国》，华东师范大学出版社1999年版。

5. 计秋枫等：《英国文化与外交》，世界知识出版社2002年版。

6. 钱乘旦、许洁明：《英国通史》，上海社会科学院出版社2002年版。

7. 王振华：《英联邦兴衰》，中国社会科学出版社 1991 年版。

8. 王振华、刘绯主编：《变革中的英国》，社会科学文献出版社 1996 年版。

9. 计秋枫、洪邮生、张志尧：《欧洲的梦想与现实——欧洲统一的历程与前景》，南京大学出版社 2000 年版。

10. 陶涛：《西欧社会党与欧洲一体化研究》，北京大学出版社 2001 年版。

11. 阮宗泽：《第三条道路与新英国》，东方出版社 2001 年版。

12. 冉隆勃、王振华等：《当代英国》，中国社会科学出版社 1990 年版。

13. 王振华、刘绯、陈志瑞等主编：《重塑英国——布莱尔主义与"第三条道路"》，中国社会科学出版社 2000 年版。

14. 殷叙彝主编：《当代西欧社会党的理论与实践》，黑龙江人民出版社 1988 年版。

15. 陈乐民等：《战后英国外交史》，世界知识出版社 1994 年版。

16. 陈乐民：《战后西欧国际关系 1945—1984 年》，中国社会科学出版社 1987 年版。

17. 钱乘旦、陈晓律：《在传统与变革之间——英国文化模式溯源》，浙江人民出版社 1991 年版。

18. 储安平：《英国采风录》，岳麓书社 1986 年版。

19. 牛军、余万里：《同床异梦——美国的欧洲战略》，鹭江出版社 2000 年版。

20. 潘一禾：《观念与体制》，学林出版社 2002 年版。

二、译著部分

1. ［美］塞缪尔·亨廷顿：《文化的重要作用——价值观如何影响人类进步》，程克雄译，新华出版社 2002 年版。

2. ［美］罗伯特·A.帕斯特：《世纪之旅——七大国百年外交风云》，胡利平、杨韵琴译，上海人民出版社 2001 年版。

3. ［英］托尼·布莱尔：《新英国：我对一个年轻国家的展望》，曹振寰等译，世界知识出版社 1998 年版。

4. ［英］彼得·詹金斯：《撒切尔夫人的革命》，李云飞译，新华出版社 1990 年版。

5. ［法］德尼兹·加亚尔、贝尔纳代特·德尚等：《欧洲史》，蔡鸿滨、桂裕芳译，海南出版社 2000 年版。

6. ［英］安东尼·桑普森：《最新英国剖析》，唐雪葆等译，中国社会科学出版社 1988 年版。

7. ［法］阿尔弗雷德·格罗塞：《战后欧美关系》，刘其中等译，译文出版社 1986 年版。

8. ［英］乔治·哈钦森：《爱德华·希思》，复旦大学资本主义国家经济研究所编译组译，上海人民出版社 1973 年版。

9. ［英］哈罗德·麦克米伦：《麦克米伦回忆录（六）·从政末期》，陈体芳译，商务印书馆 1980 年版。

10. ［英］安东尼·吉登斯：《第三条道路及其批评》，孙相东译，中共中央党校出版社 2001 年版。

11. ［英］安东尼·吉登斯：《第三条道路：社会民主主义的复兴》，郑戈译，北京大学出版社 2000 年版。

12. [法] 皮埃尔·热尔贝:《欧洲统一的历史与现实》, 丁一凡译, 中国社会科学出版社 1989 年版。

三、外文部分

1. Henry Kissinger, *Diplomacy*, Simon & Schuster, 1994.

2. Kenneth Waltz, *Theory of International Politics*, McGraw Hill Publishing Company, 1979.

3. Avery Goldenstein, *From Bandwagon to Balance-of-Power Politics*, Stanford University Press, 1991.

4. Henry Kissinger, *The Troubled Partnership: A Reappraisal of the Atlantic Alliance*, Greenwood, 1965.

5. J. Frakel, *British Foreign Policy, 1945-1973*, Oxford, 1975.

6. A. Eden, *Memoirs: Full Circle*, London, 1960.

7. D. Sanders, *Losing an Empire, Finding a Role: An Introduction to British Foreign Policy since 1945*, St. Martin's Press, 1990.

8. Rithchie Orendale, *The English-Speaking Alliance: Britain, the United States, the Dominions and the Cold War*, London, 1979.

9. Micheal Franklin, *Britain's Future in Europe*, London, 1990.

10. Alistair Cook, *Margaret Thatcher: The Revival of Britain Speeches on Home and Europe Affairs 1975-1980*, London, 1989.

11. G. Ross, *Jacques Delors and European Integration*, Polity Press, 1995.

12. M. Thatcher, *The Downing Street Years*, HarperCollins, 1993.

13. D. Butler. *Socialist Parties and European Integraiton: A Comparative History*, Macmillan, 1992.

14. N.Kinnock, "New Deal for Europe", *New Socialist*, February 1984.

15. Robin Cook, "Britain and Europe: A New Start", *The National Interest*, Summer 1999.

16. Nick Cohe, "Blair is just a Bush Baby", *The Observer*, March 10, 2002.

17. David P. Calleo, "Power, Wealth and Wisdom", *The National Interest*, Summer 2003.

四、期刊部分

1. 李靖堃：《英国欧洲政策的特殊性：传统、理念与现实利益》，载《欧洲研究》2012年第5期。

2. 李靖堃：《站在十字路口的英国欧洲政策》，载《欧洲研究》2013年第1期。

3. 李靖堃：《英国欧洲政策：现状及其未来走向》，载《当代世界》2013年第3期。

4. 李靖堃：《英国欧洲政策的特殊性与延续性》，载《中国社会科学院国际研究学部集刊》2013年第1期。

5. 倪世雄、王国明：《均势理论纵横谈》，载《政治学研究》1986年第3期。

6. 王海良：《论英国的跨世纪外交战略》，载《国际观察》

1998年第2期。

7. 韩灵：《对9·11事件后英国布莱尔政府"醒目"外交的一点思考》，载《北京理工大学学报（社会科学版）》2003年第1期。

8. 唐永胜：《英国外交选择的局限》，载《欧洲》1999年第6期。

9. 王振华：《浅析布莱尔的"枢纽外交"说》，载《欧洲》2002年第6期。

10. 唐永胜：《回归欧洲与充当"国际角色"——21世纪初英国外交基本取向分析》，载《欧洲》2003年第5期。

11. 唐永胜：《英国真的衰落了吗？——兼论发达国家经济发展水平的趋同》，载《欧洲研究》1996年第2期。

12. 陶正付：《评布莱尔的"第三条道路"》，载《现代国际关系》1998年第12期。

13. 刘小林、李宇晴：《近期英国政府欧元政策评析》，载《欧洲》2003年第5期。

14. 黄腾：《欧元近期走势分析》，载《亚太经济》2003年第2期。

15. 江涌：《欧元对伦敦金融地位的影响及英国的对策》，载《欧洲》2001年第4期。

16. 罗会钧：《冷战后的英美特殊关系》，载《外交学院学报》2003年第2期。

17. ［德］维尔讷·贝克尔：《欧洲货币联盟发展与欧元诞生四周年回顾》，刘卫兵编译，载《金融论坛》2003年第4期。

18. ［美］布热津斯基：《美国全球战略中的欧洲》，韩红译，载《战略与管理》2000年第5期。

五、网站部分

1. 英国财政部网站：http：//www.hm－treasury.gov.uk.
2. 英国卫报网站：http：//www.guardian.co.uk.
3. 英国观察家报网站：http：//www.observer.co.uk.

下　篇

一、著作部分

1. 边海峰：《移民欧洲》，天津大学出版社2003年版。
2. 陈玉刚：《国家与超国家——欧洲一体化理论比较研究》，上海人民出版社2001年版。
3. 陈乐民：《"欧洲观念"的历史哲学》，东方出版社1988年版。
4. 陈乐民、周弘：《欧洲文明的进程》，生活·读书·新知三联书店2003年版。
5. 陈乐民：《欧洲文明扩张史》，上海东方出版社1999年版。
6. 高九江：《启蒙推动下的欧洲文明》，华夏出版社2000年版。
7. 洪丕柱：《文化的认同与归宿》，中国文联出版社2003年版。
8. 胡瑾、宋全成等：《欧洲当代一体化思想与实践研究

（1968—1999）》，山东人民出版社 2002 年版。

9. 计秋枫、洪邮生等：《欧洲的梦想与现实——欧洲统一的历程和前景》，南京大学出版社 2000 年版。

10. 金安：《欧洲一体化的政治分析》，学林出版社 2004 年版。

11. 李景治、张小劲等：《政党政治视角下的欧洲一体化》，法律出版社 2003 年版。

12. 李巍、王学玉主编：《欧洲一体化理论与历史文献选读》，山东人民出版社 2001 年版。

13. 李道刚：《从民族国家到法的共同体》，山东人民出版社 2003 年版。

14. 李道刚：《欧洲整合论》，甘肃人民出版社 2000 年版。

15. 罗建国：《欧洲联盟政治概论》，四川大学出版社 2001 年版。

16. 钱乘旦：《欧洲文明：民族的融合与冲突》，贵州出版社 1999 年版。

17. 孙道天：《古希腊历史遗产：欧洲文明源远流长》，上海辞书出版社 2004 年版。

18. 石应天、郭崇立：《国家·民族·欧洲》，世界知识出版社 1999 年版。

19. 王福春、关贵海等：《大欧洲光荣与梦想》，东方出版社 1999 年版。

20. 吴季松：《欧洲文明之路：希腊·意大利·英国》，北京出版社 2003 年版。

21. 叶孟理：《欧洲文明的源头：古希腊·罗马文明》，华夏出版社 2000 年版。

22. 姚勤华：《欧洲联盟集体身份的建构（1951—1995）》，上海社会科学院出版社 2003 年版。

23. 朱晓中：《中东欧与欧洲一体化》，社会科学文献出版社 2002 年版。

24. 郑敬高编著：《欧洲文化的奥秘》，上海人民出版社 1999 年版。

25. 郑晓云：《文化认同和文化变迁》，中国社会科学出版社 1992 年版。

26. 张荐华：《欧洲一体化与欧盟的经济社会政策》，商务印书馆 2001 年版。

27. 赵怀普：《英国与欧洲一体化》，世界知识出版社 2004 年版。

二、译著部分

1. ［德］贝亚特·科勒，托马斯·康策尔曼等：《欧洲一体化与欧盟治理》，顾俊礼等译，中国社会科学出版社 2004 年版。

2. ［荷］彼得·李伯庚：《欧洲文化史》，赵复三译，上海社会科学出版社 2004 年版。

3. ［美］约瑟夫·拉彼得、［德］弗里德里希·克拉托赫维尔主编：《文化和认同：国际关系回归理论》，金烨译，浙江人民出版社 2003 年版。

4. ［美］乔纳森·弗里得曼：《文化认同与全球性过程》，郭健如译，商务印书馆 2003 年版。

5. [美]约瑟夫·威勒:《欧洲宪政》,程卫东等译,中国社会科学出版社 2004 年版。

6. [美]詹姆斯·多尔蒂、小罗伯特·普法尔茨格拉夫:《争论中的国际关系理论》,阎学通、陈寒溪译,世界知识出版社 2003 年版。

7. [美]戴维·卡莱欧:《欧洲的未来》,冯绍雷等译,相兰欣校,上海人民出版社 2003 年版。

8. [美]劳伦斯·哈里森主编:《文化的重要作用——价值观如何影响人类进步》,程克雄译,新华出版社 2002 年版。

9. [美]塞缪尔·亨廷顿:《文明的冲突与世界秩序的重建》,周琪、刘绯等译,新华出版社 2002 年版。

10. [美]亚历山大·温特:《国际政治的社会理论》,秦亚青译,上海人民出版社 2000 年版。

11. [美]本尼迪克特·安德森:《想象的共同体——民族主义的起源与散布》,吴睿人译,上海人民出版社 2003 年版。

12. [美]安东尼·D.史密斯:《全球化时代的民族与民族主义》,龚维斌、良警宇译,中央编译出版社 2002 年版。

13. [意]玛利娅·格拉齐娅·梅吉奥妮:《欧洲统一 贤哲之梦:欧洲统一思想史》,陈宝顺、沈亦缘译,世界知识出版社 2004 年版。

三、外文部分

1. A.Duff, J. Pinder and R. Pryce, *Maastricht and Beyond: Building the Union*, London: Loutledge, 1994.

2. Athony D.Smith, "National Identity and the Idea of European Unity", *International Affairs*, Vol.68, No.1, 1992.

3. Anthony D.Smith, *National Identity and the Idea of European Unity*, in Neil Nugent(ed.), The European Union: Perspectives and the Interpretations.Volume I, Dartmouth, 1997.

4. Brian Graham, eds., *Modern Europe: Place, Culture and Identity*, London: Sydney Auckland, 1998.

5. Denis-Constant Martin, "The Choice of Identity", *Social Identity*, Vol.1, No.1, 1995.

6. David Beethamm and ChristopherLord, *Legitimacy and EU*, New York: Longman, 1998.

7. Jamal Shahin and Michael Wintle eds., *The idea of United Europe Political, Economic, and Cultural Integration since the Fall of the Berlin Wall*, New York : St.Martin's Press, 2000.

8. Monica Shelley and Margaret Winck, *Aspects of European Cultural Diversity*, London: Routledge, 1993.

9. Marek Dabrowski and Jacek Rostowski, *The Eastern Enlargement of the EU*, London : Kluwer Academic Publishers, 2001.

10. M.Spiering, *National Identity and Europe Unity*, in Michael Wintle, Culture and Identity in Europe: Perceptions of Divergence and Unity in Past and Present, London: Ashgate, 1996.

11. M.Shelly, *Aspects of European Cultural Diversity*, London: Routledge, 1995.

12. Nils Arne Sorensen, *European Identities : Cultural Diversi-*

ty and Integration in Europe since 1700, Odense: Odense University Press, 1995.

13. Staffan Zetterholm, *National Culture and European Integration*, Oxford : Berg Publisher, 1994.

14. William E. Connolly, *Identity/Difference : Democratic Negotiations of Political Paradox*, News York: Cornell University Press, 1991.

四、期刊部分

1. 车薇:《论欧洲一体化中的欧洲文化政策》,载《中国社会科学院研究生院学报》2001年第6期。

2. 陈刚:《全球化与文化认同》,载《江海学刊》2002年第5期。

3. 崔新建:《文化认同及其根源》,载《北京师范大学学报(社会科学版)》2004年第4期。

4. 董小燕:《试论欧洲认同及其与民族意识的张力》,载《世界经济与政治》2004年第1期。

5. 郭韬杰:《战后欧洲一体化理论》,载《现代国际关系》1999年第10期。

6. 计秋枫:《论欧洲一体化的文化与思想渊源》,载《世界历史》1998年第1期。

7. 李岩:《全球文化认同过程中的"文化身份"的妥协与抵制》,载《浙江大学学报(人文社会科学版)》2004年第1期。

8. 李明明：《试析一体化进程中的欧洲认同》，载《现代国际关系》2003 年第 7 期。

9. 李明明：《建构主义的欧洲一体化理论探析》，载《欧洲研究》2003 年第 3 期。

10. 刘慧：《公民身份与欧洲集体认同》，载《国际观察》2004 年第 4 期。

11. 刘文秀：《欧洲一体化性质及特点》，载《国际问题研究》2004 年第 2 期。

12. 刘华：《欧洲一体化理论研究》，载《国际关系学院学报》2004 年第 1 期。

13. 马风书、任娜：《欧洲一体化：一种文化的解读》，载《现代国际关系》2003 年第 9 期。

14. 马胜利：《欧洲一体化的重要任务——文化欧洲的建设》，载《德国研究》1997 年第 3 期。

15. 马胜利：《欧洲一体化中"公民欧洲"的建设》，载《欧洲》1999 年第 5 期。

16. 孟鸣歧：《全球化：文化认同和文化冲突》，载《北京行政学院学报》2000 年第 2 期。

17. 马里奥·瓦尔格斯·略萨：《全球化、民族主义与文化认同》，于海青译，载《当代世界与社会主义》2002 年第 4 期。

18. 裘元伦：《欧洲联合的前景》，载《国际政治》2001 年第 1 期。

19. 秦志希：《论欧洲电视跨文化传播与欧洲一体化》，载《欧洲研究》2003 年第 4 期。

20. 钱雪梅：《论文化认同的形成和民族意识的特性》，载《世界民族》2002 年第 3 期。

21. 孙溯源：《集体认同与国际政治——一种文化视角》，载《现代国际关系》2003 年第 1 期。

22. 王沪宁：《作为国家实力的文化：软权力》，载《复旦学报》1993 年第 3 期。

23. 王鉴：《多元文化与民族认同》，载《广西民族研究》2004 年第 2 期。

24. 王昱：《论当代欧洲一体化中的文化认同问题》，载《国际观察》2000 年第 6 期。

25. 王志强：《欧盟东扩的文化基础及其战略意义》，载《德国研究》2003 年第 2 期。

26. 王志强：《后冷战欧洲界定与欧盟东扩》，载《国际观察》2001 年第 2 期。

27. 王学玉：《欧洲一体化：一个进程，多种理论》，载《欧洲》2001 年第 2 期。

28. 郇庆治：《欧洲早期一体化理论：社会与文化向度》，载《欧洲》2000 年第 3 期。

29. 徐枫：《欧洲文化政策的主要原则》，载《思想战线》2000 年第 4 期。

30. 姚勤华：《民族文化的政治功能——认识欧洲一体化的一个视角》，载《世界民族》2002 年第 3 期。

31. 严昭柱：《法德两国民族文化的建设和保护》，载《学习·研究·参考》2001 年第 2 期。

32. 张骥、阎磊：《论欧洲一体化进程中的文化因素的影响》，载《当代世界社会主义问题》2004年第1期。

33. 张旭鹏：《文化认同理论与欧洲一体化》，载《欧洲研究》2004年第4期。

34. 赵正源、林奎燮：《全球化时代国际关系中的文化与认同》，载《国际政治研究》2004年第4期。

后 记

本书上、下篇初稿分别完成于2004年和2005年，试图从文化视角梳理和解读英国回归欧洲和欧洲一体化等问题，杨烨教授在初稿写作期间进行了悉心指导，在此表示衷心的感谢！

欧洲一体化进程自启动以来，文化因素始终发挥着重要作用，欧洲文化以丰富的内涵和深邃的理性构成了广阔的人文背景。2016年，欧洲一体化由于英国脱欧而出现重大波折，恰逢申请上海工程技术大学出版专项资金资助获批，因此重新审视并考察欧洲一体化问题就变得更为必要。

历史上，英国融入欧洲大陆之路坎坷崎岖，"二战"结束以来，英国一直在"入欧"和"脱欧"之间徘徊。1975年，英国曾举行过一场类似的脱欧公投，结果六成以上英国人希望继续留在欧洲共同体（欧盟的前身，简称"欧共体"）。欧洲一体化既有同一性又有多样性，深刻影响着欧洲一体化的进程。

后　记

英国脱欧只是支流现象，无法阻止欧洲一体化的主流。从 2016 年脱欧公投至今，英国脱欧已经拖了近 4 年时间，有评论称英国脱欧公投至今就像走进了迷宫，"脱欧"真的成了"拖欧"。英国退出欧盟，在短期内对英国无疑是有利的。但是，失去欧盟成员国的资格，英国难以依托欧盟在欧洲和世界事务中发挥重要作用，其国际地位和影响将大打折扣。如果英国与欧盟就此分道扬镳，势必导致双方利益受损，出于利益角度的考虑，"脱欧"实难真正实现。

2019 年 7 月，鲍里斯·约翰逊正式就任英国首相，仍聚焦于脱欧议题。2020 年初，英国正式退出欧盟，结束其 47 年的欧盟成员国身份，并进入为期 11 个月的脱欧过渡期。在此期间，英国必须与欧盟达成新的贸易协议，否则将面临"无协议"脱欧的局面。英国脱欧并不意味着完全脱离欧洲一体化，而将以新的形式参与一体化进程。可以预见的是随着欧洲一体化的进一步发展，文化的作用将会越来越突出和明显。

本书能够顺利出版得到贾庆军副教授的大力支持，在此一并表示感谢。书中如有表述不当或值得商榷之处，恳请学界同仁批评并指正。

张惠玲
2020 年 9 月于上海盛园